U0489914

创新力场

中关村软件园的发展探索

刘九如 熊 伟 等编著

电子工业出版社
Publishing House of Electronics Industry
北京·BEIJING

内 容 简 介

本书通过中关村软件园和它的运营主体中关村软件园公司15年发展历程的梳理，深入分析中关村软件园的创新与特色及特色形成原因；并借用经济学理论，总结提炼出了中关村软件园的独特竞争力和运营管理模式，以及主导未来成功的关键因素，为世界各地科技园区、产业园区管理者和运营者提供了成功参照和有效借鉴。

未经许可，不得以任何方式复制或抄袭本书之部分或全部内容。
版权所有，侵权必究。

图书在版编目（CIP）数据

创新力场：中关村软件园的发展探索 / 刘九如，熊伟编著 .—北京：电子工业出版社，2015.10
ISBN 978-7-121-27349-0

Ⅰ.①创… Ⅱ.①刘… ②熊… Ⅲ.①高技术园区 – 软件产业 – 产业发展 – 研究 – 海淀区 Ⅳ.① F426.67

中国版本图书馆 CIP 数据核字 (2015) 第 233533 号

责任编辑：孙杰贤
印　　刷：北京捷迅佳彩印刷有限公司
装　　订：北京捷迅佳彩印刷有限公司
出版发行：电子工业出版社
　　　　　北京市海淀区万寿路173信箱　邮编　100036
开　　本：720×1000　1/16　印张：14　字数：198千字
版　　次：2015年10月第1版
印　　次：2015年10月第1次印刷
定　　价：68.00元

凡所购买电子工业出版社图书有缺损问题，请向购买书店调换。若书店售缺，请与本社发行部联系，联系及邮购电话：（010）88254888。
质量投诉请发邮件至 zlts@phei.com.cn，盗版侵权举报请发邮件至 dbqq@phei.com.cn。
服务热线：（010）88258888。

序言 / 杨学山

进入21世纪以来，党中央国务院高瞻远瞩、审时度势，为加快发展我国软件产业做出了一系列重大战略部署。以【2000】国发18号文件——《鼓励软件产业和集成电路产业发展若干政策的通知》为标志，中国的软件产业进入快速发展通道，被称为"黄金十年"。软件产业销售额从2000年的500亿元左右跃升到2014年的4.7万亿元，15年间，增长了近100倍，其中大部分年份增长超过了30%。

发展软件产业，收获的不仅是软件产业的高速增长和竞争力提升，更是对国民经济和社会发展各领域发展的转型升级提供着有力的支撑。从制造业、服务业到农业，从教育、医疗到城市管理，从交通运输、城市管理到社会治安，从海关、税务、工商到社区居委会的政府公共服务，从订餐、购物到娱乐，信息技术的渗透无所不在，数字化、网络化、智能化的背后，随处都是软件的影子。这就是软件这一通用目的技术的魅力，它的发展速度和质量影响着整个经济社会发展的速度和质量。

15年过去了，软件产业发展的战略地位不仅没有下降，还在继续提升，这是因为人类社会正在信息技术和工业技术融合发展的推动下，进入新的发展阶段。赛博物理空间（cyber-physical-space）、工业4.0、中国制造2025、互联网+等等新概念、新部署正是迎接这个新的历史时代的前进号角。这个新的历史阶段，主要的趋势是数字化、网络化、智能化从局部走向全局，经济社会活动在赛博物理空间进行，信息空间和物理空间无缝对接，越来越多的经济、社会活动和日常生活依托自动化、智能化的系统，而支撑这些系统运转的就是软件。

在我国软件产业发展的历程中，有一个鲜明的亮点，就是软件名城和软件园。软件名城的主要载体就是软件园，名人、名牌、名企在软件园产生和成长。2001年7月，原信息产业部联合国家发改委，给北京、上海、大连、成都、西安、济南、杭州、广州、长沙、南京等10个国家级软件产业基地授牌，软件园开始蓬勃发展。据调查显示，目前70%以上的软件企业扎根在各地的软件园内。上海浦东软件园、北京中关村软件园、成都天府软件园、西安软件园、沈阳国际软件园、厦门创新软件园、大连软件园、中国（南京）软件谷和杭州东部软件园等形成了国际影响力。15年的努力，结出了丰硕的成果。

中关村软件园是我国软件产业发展的排头兵，是我国软件园发展的缩影。目前，进入中关村软件园区的企业总数已近300家，包括了腾讯、百度、网易、新浪等互联网企业，也吸引了IBM、甲骨文、汤森路透等世界500强企业入住。成立15年来，中关村软件园筚路蓝缕，创新探索，其科学的运营管理、系统化的保障服务、适合软件产业发展规律的前瞻思维，凝聚成独特的经营管理模式和可资借鉴的经验。2014年，整个园区营销收入达到1400亿元，数字诠释了中关村软件园区的努力和成功。

尤为重要的是，作为国家科技创新的战略高地，中关村软件园把握住了云计算、大数据、移动应用、互联网＋的发展趋势，采取多种措施，积极推动大众创业、万众创新，为园区的未来发展开拓了新的阵地。

总结中关村软件园发展的实践经验，具有重要的现实意义和历史意义。电子工业出版社华信研究院通过深入调查研究，将中关村软件园的成功经验进行总结，对其创新探索的发展模式和取得的突破进行理论分析，编纂出版了《创新力场：中关村软件园的发展探索》一书，对我国今后软件产业的发展具有重要意义。

软件产业发展的技术基础、对象系统、竞争力构成正在发生重大变化，中国的软件产业正处在由大变强的关键阶段。在这样的时刻，总结经验、探索规律、把握趋势是必然要求，本书应该成为这一历史进程的铺路石子。

是以为序。

2015 年 10 月 8 日
（作者系工业和信息化部原副部长。）

中关村

占地面积：2.6平方公里
建筑面积：206万平方米

村软件园

目 录

序言

中关村软件园全景图

引子　新世纪·十五年 / 1

第一章　志存高远扬帆启航 / 11

　　从"电子一条街"到高新试验区 / 14

　　个人电脑革命促使软件产业崛起 / 16

　　印度和爱尔兰的软件产业集聚 / 17

　　中国软件产业的启蒙与觉醒 / 19

　　确立软件园建设战略 / 21

　　中关村软件园开工建设 / 23

　　国家软件产业基地挂牌 / 27

　　高标准引入企业 / 28

　　迎来首批企业 / 29

　　加速推进园区发展 / 32

助力软件企业登上国际舞台 / 34

专业服务如此重要 / 35

获国家领导人高度评价 / 39

第二章　攻坚克难坚韧前行 / 41

拆迁工作困难重重 / 44

金融危机加剧困境 / 47

13天艰难筹资还贷3.75亿 / 48

聚焦目标谋划二期 / 51

度过艰难走出低谷 / 54

第三章　顺应创新大潮做强做优 / 57

园区产业向创新集聚升级 / 60

二期建设发力 / 62

产业服务升级 / 65

打造软件园国际影响力 / 71

带动创新创业聚集 / 80

第四章　产业高地在这里筑成 / 85

高端产业集聚 / 88

自主创新引领 / 95

绿色经济增长 / 98

国际影响广泛 / 102

区域辐射带动 / 105

成为中国软件产业制高点 / 108

第五章　园区建设运营的关键着力点 / 113

政府定位，企业运作 / 116

系统规划从高端战略出发 / 119

园区发展三级联动 / 120

打造产业生态环境 / 123

创新园区运营模式 / 126

第六章　扩展波特"钻石模型" / 131

生产要素 / 136

需求条件 / 139

支持产业 / 140

企业群落 / 141

机会 / 143

政府 / 145

第七章　园区与运营主体"双钻石模型" / 149

园区发展机遇 / 153

政府支持 / 154

股东资源 / 155

公司定位 / 158

业务结构 / 159

企业文化 / 161

第八章　中关村软件园的未来 / 165

软件定义未来 / 168

互联网改变未来 / 172

智慧园区 / 175

创新高地，创业沃土 / 177

附录　世界十大科技园发展之路 / 181

美国硅谷——宽容的创新环境 / 184

英国剑桥科学园——与大学发展相辅相成 / 187

瑞典西斯塔科技城——移动谷 / 189

印度班加罗尔软件园——政府主导的软件出口辉煌 / 191

日本筑波科学城——现代科技乌托邦 / 194

法国索菲亚科技园——"混合集团＋基金会" / 195

爱尔兰国家科技园——产学研紧密结合 / 197

德国慕尼黑科技园区——现代科技＋传统产业 / 198

中国台湾新竹科技园——政府管理、政府运营 / 200

以色列科技园——科技强国战略下的孵化器 / 202

后记 / 204

引子

新世纪·十五年

2002年1月18日，声名大噪的印度班加罗尔电子城，绿树如盖，鲜花怒放，到访的国务院总理朱镕基在这里亲手种下一棵象征合作与友谊的菩提树。他盛赞"印度硅谷"名不虚传，并题词："先进的技术，卓越的人才，现代的管理，巨大的成就"。

　　两个月后的3月5日，朱镕基总理在九届人大五次会议上作政府工作报告时提出，要"加快发展软件产业，推进国民经济和社会信息化"。总理的号召成为强劲催化剂，从此我国软件产业进入系统、全面、高速发展期，从技术到人才，从产业到应用，处处呈现快马加鞭的发展局面。

　　与此同时，刚刚起步的国内软件园区建设风生水起，规划布局，快速建设，引进企业，网罗人才，到处一番热火朝天的景象。

　　时光飞逝，进入新世纪已经15年了。北京西北一隅，距天安门广场20公里的海淀区上地西路，一大片漂亮时尚的后现代风格建筑群格外醒目，这里就是著名的中关村软件园，中国软件产业高端集聚的一面旗帜。而在15年以前，这里还是一个破旧的、名叫东北旺的城中村，道路狭窄，建筑杂乱。

2000年11月25日，时任北京市委书记贾庆林、市长刘淇一行来到东北旺，现场踏勘中关村软件园的选址。一个月之后的12月20日，这里彩旗飘舞，人声鼎沸，中关村软件园在轰鸣的机器声和震耳欲聋的锣鼓声中隆重开工。之后的数百个日日夜夜，这片大杂院，开始有序拆迁、平整、规划、建设，几栋现代化楼房拔地而起。

也是这一年，北京中关村软件园发展有限责任公司（以下简称软件园公司）正式挂牌成立。

十五年过去，弹指一挥间。今天的中关村软件园已经成长为"国家软件产业基地"和"国家软件出口基地"[①]，园区企业总收入突破1400亿元。从企业集聚、产业集聚到创新集聚，中关村软件园成为中国科技园区的排头兵。

是什么成就了今天的中关村软件园？

分析中关村软件园成功的原因，一定能开出一份长长的列表。简化分析，同样可以归纳为内在因素和外在因素。内在因素来自园区的建设者和运营者，外在因素则来自大趋势和大环境：十五年间，全球软件产业蓬勃发展，科技园区作用日益凸显，中国政府大力扶植园区发展。正所谓，时势造英雄。

然而，全国大大小小200多个软件园区，为什么中关村软件园

---

① 2001年7月12日，中关村软件园被国家计委、信息产业部共同确定为"国家软件产业基地"。2004年8月3日，中关村软件园又被国家发改委、信息产业部和商务部确定为"国家软件出口基地"，成为全国四个"双基地"之一。

此处风景甚好？

上世纪 80 至 90 年代是美国经济强劲增长的时期，信息技术对经济增长的贡献率超过 25%。进入 1990 年代，信息产业中硬件份额逐年下降，软件服务则逐年上升，年复合增长率达到 15%。也就是说，美国信息产业的重心正在由硬件制造向软件服务转移。其中最具标志性的事件是 1993 年，蓝色巨人 IBM 新任 CEO 郭士纳将 IBM 从传统硬件制造商战略转型为软件服务商。他在 1993 年 11 月美国拉斯维加斯举行的 COMDEX 展览会上接受中国计算机世界报记者刘九如的采访时宣布："信息产业已经进入软件与服务主导的时代"。由此，不仅 IBM 的软件收入迅速跃升，微软、Dracle、Cisco 等也脱颖而出，硅谷再次以软件企业集聚而惊艳于世界。

而在我们的邻国印度，班加罗尔软件园于上世纪 90 年代初成立，并迅速成为全球软件园区中发展最快和规模最大的一个。1999 年印度软件业总产值达到 40 亿美元，且其中绝大部分出口，印度成为全球第二大软件出口国。

说起软件产业的全球版图，还有一个国家不得不提，那就是爱尔兰。这个偏居一隅的小小国度却缔造了世界软件业的一个不朽传奇。上世纪 80 年代中期，爱尔兰创建国家科技园。到上世纪 90 年代中期，仅仅 10 年的时间，爱尔兰的软件出口额甚至一度超过美国和印度，居世界第一位，发展速度令人咂舌。

无论是美国，还是印度和爱尔兰，软件园区在各国软件产业的发展中扮演着关键而又不可或缺的角色，这就是产业聚集的力量。

1990 年，哈佛大学商学院著名教授、地理经济学家迈克尔·波特[①]出版新书《国家竞争优势》，首次对产业集聚及其对国家竞争力的影响进行详细研究。波特认为国家获得竞争优势关键在于产业竞争，而产业的发展必须形成有竞争力的、倾向于地理集中的产业集群。产业集群作为一种企业空间组织形态，吸收集聚稠密的经济能量，对增强区域经济实力、乃至国家竞争力意义重大。

波特的产业集聚理论深刻揭示了国家竞争力的内涵，阐明了产业集聚的效果和意义，将美国硅谷、印度班加罗尔软件园、爱尔兰国家科技园及其他类型科技园区的"秘密"清晰透彻地"解密"，更具说服力地向世人揭示了国家竞争力取决于产业集聚的作用机制。

自上世纪80年代起，作为改革开放的试点，以建设经济特区为起点，我国先后设立了一批经济特区、经济开发区、工业园区和高新技术开发区。进入90年代中期，波特的国家竞争优势理论被国内学界、产业界关注、介绍，结合我国园区建设实践，掀起了研究热潮，对产业园区建设意义的认识不断深化。1996年，江泽民主席在亚太经合组织领导人非正式会议上指出，本世纪在科技产业化方面最重要的创举是创办科技工业园区。

理论的先行引导和实践的成功探索，促使产业蓬勃发展，正是由

[①] 迈克尔·波特于1983年被任命为美国总统里根的产业竞争委员会主席，开创了企业竞争战略理论并引发了美国乃至世界的竞争力讨论。他先后获得过大卫·威尔兹经济学奖、亚当·斯密奖、五次获得麦肯锡奖，拥有很多大学的名誉博士学位。迈克尔·波特发表过多部著作，其中包括最有影响的有《品牌间选择、战略及双边市场力量》(1976)、《竞争战略》(1980)、《竞争优势》(1985)、《国家竞争力》(1990)等。迈克尔·波特是当今全球第一战略权威，被誉为"竞争战略之父"，是现代最伟大的商业思想家之一。他32岁就获得了哈佛商学院终身教授之职，是当今世界上竞争战略和竞争力方面公认的权威。

于世界几大软件园区的成功推动，软件产业成为全球增长速度最快的朝阳产业，世界各国纷纷把软件产业作为发展经济的战略产业。在这一背景下，为了推动我国软件产业形成和快速发展，积极参与全球软件产业的分工和竞争，软件园区建设，自然引起了政府的高度重视。

"软件正在统治世界！"——这不是好莱坞科幻电影的台词，而是《华尔街日报》一篇文章的题目。作者马科·安德森是Facebook、Skype 和Twitter 等公司的投资人，同时也是Facebook、eBay 和HP 董事会成员。他认为，软件正以跨界融合的新面目席卷一切，打破旧秩序，重构新世界。"三全工程等开启了庞大的市场需求，中国有可能凭借软件产业赶超世界IT巨人。"这是当时著名软件专家杨芙清、倪光南等人的强励呼吁。他们认为，政府加大政策力度，扶持软件园区和软件企业发展。

1999年5月21日，国务院召开专门会议研究加快中关村建设问题。1999年5月26日，北京市人民政府汇同国家科技部向国务院上报《关于实施科教兴国战略加快建设中关村科技园区的请示》。请示报告中强调，中关村是全国智力资源和科技人员最密集的地区，其智力密集度在世界亦属罕见。加快建设中关村科技园区是超越科技、教育和高新技术产业自身发展的重大决策，对实施我国在下世纪中叶达到中等发达国家水平的宏伟目标，提高中华民族的创新能力和在世界科技领域中的地位，具有重要的现实意义。请示报告提出重点规划建设好"一路、一城、一园、一网"："一路"即贯穿东北与西北郊的城市轻轨铁路（建成后命名为北京地铁13号线）；"一城"即中关村西区高科技高贸中心和中关村东区科学城的改造；"一园"即国家级软件园；"一网"即高速宽带多媒体信息网。其中的国家级软件园就是指中关村软件园。6月5日，国务院批复北京市和科技部，原则同意发展规划。

2000年6月，国务院印发了《鼓励软件产业和集成电路产业发展的若干政策》，这就是著名的"18号文"[①]。文件强调"通过制定鼓励政策，加快软件产业和集成电路产业发展，是一项紧迫而长期的任务，意义十分重大。"

天时，地利，人和。正是在这样的背景下，中关村软件园开工建设。

十五年，斗转星移，沧海桑田。中关村软件园总面积2.6平方公里，其中一期1.39平方公里，二期1.21平方公里。现在的中关村软件园不论是基础设施建设、管理理念和服务能力，还是入驻企业、人才集聚和创新氛围，都是世界一流。今天这些看起来一切似乎稀松平常，因为在很多人的心目中，软件园本来就应该是这个样子。殊不知，十五年前的情况，十五年间的艰难曲折，是那样的不可想象。中关村软件园公司的老员工都还记得，当年，前任董事长李保欣常说一句话，"做这个园区我们一直摸着石头过河，一开始并不知道该

---

① 2000年国务院发布了《鼓励软件产业和集成电路产业发展的若干政策》（国发18号文），并陆续推出了一系列促进软件产业发展的优惠政策和措施，引出了软件、集成电路两大产业发展的"黄金十年"。

怎么做"。现任董事长周放也常说,"中关村软件园的今天来之不易,我们有过起死回生的艰难历程"。

前文述及的迈克尔·波特的产业集聚理论只是分析了产业集聚对国家竞争力的作用,分析了产业集聚时相关的因素与诸因素间的相互关系,并没有涉及如何建设园区、运作园区。为了建设中关村软件园,国内外成规模、有特色的科技园区,中关村软件园公司派人考察过数十个。可是国外与中国不同,外地的情况也不能与北京比,别人的经验可以借鉴,无法照搬。

十五年来,在全球经济和中国社会环境急剧变化的过程中,中关村软件园站住了,发展了,并逐步形成了不同于其他园区和企业、有独特创新的业务模式、运行机制以及独特的园区、企业文化。

那么,中关村软件园过去十五年中,具体经历了怎样的发展历程?进行了哪些创新探索?应对了哪些艰难曲折?留下了哪些感人的故事?独特的运营模式和软件文化,哪些值得借鉴和传承?未来中关村将走向何处?翻开下一篇章,你将浮想联翩,留下深刻印象,找到满意答案。

第一章

志存高远扬帆启航

"大风起兮云飞扬"。从科学院陈春先等研究员率先辞职下海，到中关村"电子一条街"的兴旺；从北京新技术产业开发试验区成立，到北方软件产业基地的昙花一现；一直到中关村科学园区的快速发展和中关村软件园的开工建设，其中的艰难曲折可以想像。中关村软件园不是国内最早的软件园，能够后来居上，关键在于一起步就志存高远，一发力就大胆创新。

"中关村软件园"六个字的背后，是中关村、软件产业和科技园区三个关键词。这是三个不同但又密切关联的领域，每个都有丰富的内涵。正是这三大领域在发展过程中相互交会所形成的国家意志，孕育并催生了中关村软件园。

因此，中关村软件园从诞生的第一天起，就被赋予实现国家战略意图的使命。这是中关村软件园的定位，也是它先天而来的

DNA。在中关村软件园创立的前几年，作为园区的建设者和运营者，中关村软件园公司紧紧围绕软件园的定位和使命开展工作，软件园和软件园公司的价值取向日渐清晰，运行机制日渐成熟，园区和企业的文化也日渐形成。

从"电子一条街"到高新试验区

上世纪70年代，改革开放之初，中国从上到下正着手对生产关系进行调整，推行农村联产承包，政府简政放权，国有企业自主经营等一系列改革。上世纪80年代开始，发达国家"突如其来"掀起"新技术革命"浪潮。美国经济学家奈斯比特的《大趋势》和未来学家托夫勒的《第三次浪潮》等书籍于上世纪80年代初进入中国，影响广泛。《第三次浪潮》中提出"我们仍认为生活在工业社会里，但事实上已经迈入了一个以创造和分配信息为主的经济社会。人类将迅速、无可避免地面对种种新技术、新产业形成的第三次浪潮的冲击。"这样的思想极大地震撼了正奋力实现四个现代化的中国科技界和产业界。他们于上世纪80年代大声呼喊"迎接新技术挑战，走中国现代化道路"。

北京中关村是全国智力资源和科技人员最密集的地区。70年代，中关村有以清华、北大为代表的高校50所，中国科学院、中央各部委和北京市属研究所138所。

1980年10月23日，中科院物理所研究员陈春先、工程师纪世瀛、电气技师崔文栋等人借鉴美国硅谷经验，在北京市科协的支持下，率先离职下海，创办了面向市场、自负盈亏的"北京市等离子先进技术发展服务部"。1983年1月，中央领导作出批示，肯定了陈春先等人的创新改革，陈春先因此被称为"中关村第一人"。自此之后，科技人员下海办企业蔚然成风，四通、科海等民营高科技企业先后成立，到1987年底，北京市海淀区中关村大街有各类科技企业148家，史称"电子一条街"。

1984年3月，中科院赵文彦等学者提出了《充分开发中关村地区智力资源，发展高技术密集区》的建议，得到著名学者、时任中国社会科学院副院长宦乡的赞同。宦乡随后在给中央的信中，针对当时的发展态势，明确提出了关于建立科学园区的五项原则建议。同年6月，原国家科委向党中央、国务院提出了关于迎接新技术革命的对策报告，明确提到要研究、制定新技术园区和企业孵化器的优惠政策，要大胆实践，跟上新技术革命的步伐。自此，创办中国高新产业区的政策思想已见雏形。

1987年8月，美联社记者报道了中关村"电子一条街"，称"十分类似于美国硅谷的初步阶段"。10月，新华社记者在《国内动态清样》上连发四篇中关村"电子一条街"报道。12月，按中央领导同志批示，国家科委、国家教委等7单位组成了中关村电子一条街联合调查组，对"电子一条街"的发展情况进行了深入调研。调查报告建议："着手考虑建立中关村科学工业园区（或新技术开发区），作为试点。中国要在21世纪成为经济大国，必须及早行动。"

1988年5月，国务院批准建立北京市新技术产业开发实验区。

1988年8月，正式成立了北京市新技术产业开发试验区协调委员会和办公室，以中关村地区为中心，在北京市海淀区划出100平方公里左右的区域，明确为北京市新技术产业开发试验区的优惠政策区域范围。

这就是中国第一个以国家名义确立的高新区。

个人电脑革命促使软件产业崛起

从上世纪80年代开始的"新技术革命"浪潮，其引爆点是1981年8月12日IBM PC问世。1982年，IBM PC以信息时代的"开山鼻祖"身份登上美国《时代》周刊的封面，被评选为"年度人物"（Man of the Year）。该刊写道："在一年的新闻里，这是最吸引人的话题，它代表着一种进程，一种持续发展并被广泛接受和欢迎的进程。"这样的评语，确实准确地预见了信息科技的未来发展趋势。1983年，IBM PC的销量超过了52万台，打破以往计算机销售的所有世界记录，市场占有率达80%。由IBM PC引发的变革，史称"PC革命"或"个人电脑革命"。

1990年以来，世界发生重大变化。1991年苏联解体，冷战结束，市场经济体制所覆盖的人口数量由27亿人达到了55亿人，比冷战前增加1倍以上。以国际市场的迅速扩大为背景，世界经济全球化也迅速发展起来。冷战结束，全球化进一步推进，新技术革命的效应不断显现，世界迈向信息社会的步伐明显加快，信息化对经济的影响越来越大，高新技术与高新产业成为决定国际竞争力的关键性因素。

到上世纪90年代，全球个人电脑拥有量已突破1亿，曾经造就了康柏、戴尔、AST、宏碁等一批信息产业新星。随着个人电脑的日益普及，软件产业飞速发展。1990年，微软公司推出Windows 3.0，上市仅半年便售出100万套。1995年，微软发布Windows 95，4天内售出100多万套。Windows的巨大成功引发各类应用软件开发热潮，众多软件企业如雨后春笋般茁壮成长，全球软件产业增长率从1991年以来一直以10%~20%的速度快发展，使得全球信息产业的结构逐渐从以硬件为核心向以软件为主导的方向过渡。1999年，全球信息产业年产值，软件加服务占57%，硬件仅占43%，软件加服务的整个营业额远远超过硬件；到2000年全球软件和信息服务产值近5000亿美元。

印度和爱尔兰的软件产业集聚

上世纪90年代初，印度和中国一样，同属第三世界，是落后的发展中国家。突然间，印度悄然成为软件大国，曾被称为欧洲第三世界的爱尔兰也成为软件黑马。软件园区的建设和发展，促使印度和爱尔兰软件产业快速发展，出口迅猛增长，软件园发挥的产业聚集效应非常明显。

1991年，印度政府制定了开放的新经济政策，给投资软件业者开绿灯，同时还制定了减免进口软件关税、免征出口软件利税的政策。

其实在印度，这一切也得来不易。印度软件业的发展，经历了不断突破僵化管理体制的历程。1968年，42岁的印度人柯理深切感受到信息技术的威力。"我知道世界变了。电脑一定要进印度，电脑会改变印度的命运。"后来被称为印度"软件之父"的柯理认为："印度贫穷，没有资本做硬件。但我们有最优秀的数学头脑，绝对可以写出最好的软件。"柯理一方面积极奔走，游说政府放宽政策；另一方面，利用时任美国电气和电子工程师学会（IEEE）主席的身份，邀请国外专家到印度，培训和教授程序设计。这在当年不知软件为何物的印度，堪称是令人震撼的大手笔。根据《开启印度信息革命》一书的介绍，当时印度全国电脑不超过20台。

1991年，班加罗尔软件园成立，迅速成为全球软件园中发展最快和规模最大的一个。受到软件园成果的激励，印度政府和民间组织（如印度软件协会）携手合作，倾力扶持软件业；实现软件企业"零税赋"，并拥有银行贷款的"优先权"。8年之后的1999年，印度软件业总产值已达到40亿美元，其中绝大部分是出口，印度成为全球第二大软件出口国。

爱尔兰是一个国土面积仅8万多平方公里的小国家，人口仅370万，直至70年代初期，爱尔兰还是一个农牧业占相当比重的国家，国民经济发展水平属于"欧洲的第三世界"。从80年代开始，爱尔兰高度重视发展教育和科技，尤其在软件设计与开发等领域形成了突出优势。

爱尔兰利用欧盟结构资金和研究计划的大量经费资助科研，获得了很好的收益。这促使爱尔兰把经济发展从根本上转变到科技发展方向。

1984年爱尔兰国家科技园建立，它使企业与教育科研机构、企业与企业之间建立起密切联系的纽带，为高新技术企业的建立和发展提供必要的中介、孵化服务。尤其幸运的是，爱尔兰国家科技园一开始就把软件产业作为重要的经济支柱，通过对专业应用人才的培训、为欲设立企业的软件公司提供支持、协助软件公司进行技术研发工作、责成爱尔兰驻海外机构积极为软件公司开拓国外市场等多方面，形成系统化的软件产业扶持政策。

国家科技园基础设施非常发达，通信四通八达，加上爱尔兰以英语为母语，以及爱尔兰有大量的来自世界各地、受过良好教育的软件专门人才，这就吸引了世界各地软件企业来爱尔兰寻求发展，同时促成了爱尔兰软件本地化产业的发展。

于是，1996年以来，爱尔兰成为软件产业中的"黑马"，接连创造了世界IT业的"神话"。根据2000年3月经合组织（OECD）[①]公布的数据，1998年，爱尔兰的软件出口额超过了美国和印度，居世界第一位。全欧洲约43%的个人计算机软件都在爱尔兰生产。

中国软件产业的启蒙与觉醒

上世纪80年代初，IBM PC问世以后，个人电脑开始改变人们的

[①] 经济合作与发展组织（Organization for Economic Co-operation and Development），简称经合组织（OECD），是由34个市场经济国家组成的政府间国际经济组织，旨在共同应对全球化带来的经济、社会和政府治理等方面的挑战，并把握全球化带来的机遇。

工作和生活。但当时中国改革开放刚刚起步不久，跨国企业尚未全面进入中国市场。按照当时电子工业部部署，1983年12月电子部六所开发了我国第一台 PC 机——长城100 DJS-0520 微机。与之配套，电子部六所严援朝开发出了汉字操作系统 CCDOS，解决了电脑的汉字处理问题。同年，王永民发明"五笔字型"输入法，解决了汉字输入问题。之后国产0520微机大量生产，因为价格远低于进口机，受到国内用户欢迎。

汉字操作系统和中文输入法是上世纪80年代中国软件产业起步阶段的标志性技术和产品。进入90年代，UCDOS 等多种 DOS 平台中文操作系统、以中文之星为代表的 Windows 平台中文操作系统、以金山 WPS 为代表的中文字处理系统、以瑞星为代表的杀毒软件等一批软件产品和企业脱颖而出，赢得蓬勃发展。

随着中国对外开放的不断深入，国际著名软件企业微软公司于1992年正式进入中国，1996年推出了 Windows 95 中文版和中文 Office 办公软件。随后，国际软件公司相继进入中国，推出系列中文版本软件。由此，DOS 系统由 Windows 取代，PC 机纷纷预装 Windows 95 中文版，各种本土中文操作系统无法与之竞争，渐渐销声匿迹。WPS 等本土应用软件由于在技术、质量及市场推广上无法与国际软件公司相抗衡，也渐渐退出市场。中国本土软件产业陷入低谷。

1999年，全球信息产业年产值中，软件加服务占57%，硬件仅占43%，软件加服务收入远远超过硬件。而相反的是，国内信息产业收入中，软件仅占13%，硬件占87%，硬件产值是软件的6到7倍。

而正在此时，中共十四届五中全会提出科教兴国战略，要求通过科技创新，推动国民生产总值在2010年要比2000年翻一番。针对新技术、新产业形成的第三次浪潮和国际软件产业的异军突起，以及国产软件相对落后的状况，产业界人士发表文章提出，"未来信息社会的竞争就是软件的竞争；未来经济发展，在很大程度上取决于软件技术的发展。软件将成为一个国家实力的象征和跨世纪的支柱产业。"1997年12月《计算机世界》报刊登的一篇题为《中国软件产业发展思考》的报告指出，在世界银行对七个软件出口国的比较分析中，从提供软件服务的规模和质量来看，印度名列第一，中国差距巨大。客观冷静的分析引起人们的沉思和奋起。

软件产业经过启蒙式的初创兴奋与失落之后，中国软件产业的国家意识觉醒，政府和产业界不约而同地站在国家发展战略的高度，以迎接新技术革命挑战的姿态和全球化视角，重新审视信息技术和软件产业，推动发展软件产业的国家意志和产业意志逐渐形成。

确立软件园建设战略

其实，1990年代初，当时的机械电子工业部副部长曾培炎在考察国外软件业发展情况之后，其考察报告中就明确提出了发展软件园的思路。1992年，机电部命名了我国最早的三大软件基地：以中软总公司为骨干的北京软件基地（不久升级为北方软件基地）、以及上海浦东软件基地和珠海的南方软件基地。

1993年机构改革，国家恢复电子工业部建制，时任部长胡启立意识到，推动电子信息产业、软件服务业发展，关键是要推动行业应用。于是，他主导启动了影响深远的"三金"工程①，并引发一系列"金字号"工程全面铺开，金融、保险、财政、税务、外贸、内贸、水利、电力、铁路、航空等部门加强信息基础设施建设，形成巨大的软件内需市场。

1995年5月，原国家科委主持召开了"推动我国软件产业的形成与发展研讨会"。研讨会这样描述当时我国软件产业状况：随着我国经济建设的深入发展，各个领域、各个行业对计算机软件的需求越来越大，越来越迫切，但我国软件产业化的程度远远不能满足急剧发展起来的市场需求。与此同时，国外大型软件公司乘机大举进入我国软件市场。我国三分之二的软件市场被国外产品占领。其中系统软件几乎没有国产自主版权软件的立足之地，国产支撑软件只是凤毛麟角，应用软件也面临国外软件的激烈竞争。

当时的国家科委副主任徐冠华在题为"抓住时机，努力推进我国软件产业发展"的讲话中指出："我们的软件企业若能够及时抓住历史机遇，吸收和运用最先进的科技成果，掌握商机，增强自主创

---

① 继美国提出信息高速公路计划之后，世界各地掀起信息高速公路建设的热潮，中国迅速做出反应。1993年底，中国正式启动了国民经济信息化的基础工程——"三金工程"。所谓"三金工程"，就是指"金桥、金关、金卡"工程。"金桥工程"首先建立国家共用经济信息网，具体目标是建立一个覆盖全国并与国务院各部委专用网连接的国家共用经济信息网。"金关工程"是对国家外贸企业的信息系统实联网，推广电子数据交换技术（EDI），实行无纸贸易的外贸信息管理工程。"金卡工程"则是以推广使用金融交易卡为目标的货币电子化工程。

新能力，就有可能较快地实现产业发展的跨越，较快地进入国际软件市场，挤身于世界软件强国之林。"他提出："建设软件基地是为充分发挥该基地所在地区的科技优势，借鉴国外软件产业发展成功经验而提出的一项战略举措，它将创造一个有利于软件发展的局部优化的环境。"

这次研讨会达成这样的共识：软件产业要集中发展，建设软件园是区是可行之路。中国信息产业尚不发达，软件产业尤其弱小，相应地，软件企业存在规模小、分布散的问题。而发展软件产业必须要有一个符合软件企业成长的、有一定产业聚集程度的区域，而这个客观的、又是必要的环境就是软件园。于是加快我国软件基地建设，让软件行业"攥紧拳头"、集聚发展成为促进我国软件业跨越式发展的重要手段。

中关村软件园开工建设

战略确定，行动快捷。正是在这样的背景下，中关村软件园正式开工建设。

北京西北，距天安门广场20公里，过万寿山、金山口，便可见北京较高的一座山，"背而去者数里犹见其峰"，这座山明代起便叫百望山。山麓有东西百望村，村里附会杨家将的故事，说是佘太君登山望儿凯旋，故称"望儿山"，村称东儿望和西儿望。民国年间，村名改称东北旺和西北旺。

2000年之前，已成为"乡"的东北旺是一个2000多户村民聚居

创新力场　中关村软件园的发展探索

的城中村。

2000年12月20日,东北旺乡热闹非凡,人声鼎沸,中关村软件园一期工程开工典礼在这里举行。从那一天起,这片大杂院、棚户房一步步变成了今天风景秀美、绿树掩映的智慧与高科技集聚地——中关村软件园。

2000年12月20日,中关村软件园一期工程开工典礼

时间再次闪回。1992年,中国共产党第十四届全国代表大会提出,必须把经济建设转移到依靠科技进步和提高劳动者素质的轨道上来。1995年5月6颁布《中共中央国务院关于加速科学技术进步的决定》,首次提出在全国实施科教兴国的战略。决定提出,国家高新技术产业开发区是培育和发展高技术产业的重要基地。1996年,八届全国人大四次会议正式提出了国民经济和社会发展"九五"计划和2010年远

景目标，将"实施科教兴国的战略"定为基本国策。

1995年，江泽民总书记在北京市考察工作时，作出"有我们自己特色的科技园区"的重要指示。在1996年全国人大将"实施科教兴国的战略"定为基本国策后，1999年5月21日，国务院开会研究加快中关村建设问题，李岚清、温家宝副总理对贯彻江泽民总书记在北京市考察工作时重要讲话精神，创建有中国特色的中关村科技园区问题作了重要指示。

根据这次会议精神，1999年5月26日，在此前与各相关方多次协商讨论的基础上，北京市政府与科学技术部联合向国务院提交请示，提出"建立国家级软件园"，希望在党中央、国务院领导下，在国务院各部门支持下，按照市场经济的原则，把中关村软件园建设成为推动科教兴国战略、实现两个根本性转变的综合改革试验区和具有国际竞争力的国家科技创新示范基地；立足首都、面向全国的科技成果孵化和辐射基地；高素质创新人才的培养基地；力争用10年左右的时间，把中关村软件园建设成世界一流的科技园区。

仅仅十天后，1999年6月5日，国务院做出《关于建设中关村科技园区有关问题的批复》，原则同意北京市政府和科技部《关于实施科教兴国战略加快建设中关村科技园区的请示》中关于加快建设中关村科技园区的意见和关于中关村科技园区的发展规划。8月10日，北京市政府发出通知，决定将北京市新技术产业开发试验区管理委员会更名为中关村科技园区管理委员会。

国务院认为，加快建设中关村，通过科技成果和创新知识的产业化，把丰富的智力资源转化为强大的生产力，对北京市调整产业结构，加快经济和社会的发展具有重大意义；对实施科教兴国战略，增强我国创新能力具有重要作用，也是增强综合国力的重大措施。要求借鉴国外建设科学城的有益经验，创建有中国特色的科技园区，为全国高新技术产业的发展发挥示范作用。国务院希望中关村建设要认真总结过去高新技术产业开发区的经验和教训，从中国国情和中关村地区的实际出发，发挥优势和特色，科学规划，精心建设。

2000年4月10日，北京市计委下发《关于进行中关村软件园一期工程土地统一开发工作的批复》（京计基字[2000]第0413号）。随后，中关村软件园项目面向国内外规划设计单位进行公开招标。有国内及美国、意大利的10家单位进行投标。经专家评选，机械工业部设计研究院的方案中标。

2000年8月，由北京科技园建设股份有限公司、首钢总公司、北京海淀科技园建设股份有限公司三方共同投资组建的北京中关村软件园发展有限责任公司成立，注册资金5亿元人民币，并在海淀区海开大厦挂牌（2010年控股股东变更为中关村发展集团有限公司），潘守文任中关村软件园公司董事长。

2000年12月20日的开工典礼之后，中关村软件园正式进入施工建设期。

从上世纪80年代初的全球新技术革命到软件产业崛起，从提出科教兴国战略到建设软件园的决策，作为实现"2010年实现国民生产总值比2000年翻一番"目标的国家战略选择，中关村软件园一开始以"国家级软件园"的形式，作为承载国家意志的载体，高位出击。

国家软件产业基地挂牌

1994年，时任联想电脑公司总工程师的倪光南等多位政协委员提交关于"扶植高新技术企业的提案"及其附件，详细论述了建议国家对软件和集成电路产业降低增值税率的理由。会后，相关部委召开座谈会，仔细听取意见。此后，各界人士多次向国家提出类似动议，终于促成国务院于2000年6月出台《鼓励软件产业和集成电路产业发展的若干政策》，即著名的"18号文件"。

"18号文"第二章第三条中提出要"在高等院校、科研院所等科研力量集中的地区，建立若干个国家扶持的软件园区。国家计委、财政部、科技部、信息产业部在安排年度计划时，应从其掌握的科技发展资金中各拿出一部分，用于支持基础软件开发，或作为软件产业的孵化开办资金。"在国家十五规划中，更加明确制定了软件产业的发展目标：到2005年，软件与服务业收入实现2500亿元，培育出20个以上年营业额超过10亿元的软件企业和一批软件著名品牌；软件年出口额超过10亿美元，力争20亿美元，带动相关产业链形成规模。

同时，2000年下半年，国家计委、信息产业部联合发文，要求各地申报"国家级软件园区"。评审过程始于2000年11月，由国家计委、信息产业部联合组成的专家组，对全国47个申请的软件园逐一进行多轮评审并实地考察。

2001年7月12日,北京,人民大会堂。时任中关村管委会党组成员、副主任的张贵林从当时的国务院副总理吴邦国手中接过了一块沉甸甸的牌匾。国家计委、信息产业部等部门正式授予北京、上海、大连、成都、西安、济南、杭州、广州、长沙、南京等10个城市为"国家软件产业基地"。吴邦国指出,国家软件产业基地要聚集和培养一批高水平的各类软件人才,形成产学研一体化的软件产业创新体系,推动我国软件产业实现跨越式发展。

这样,北京中关村软件园所承载的信息产业发展使命最终以"国家软件产业基地"的这一名称确定下来;国家对中国软件产业的一系列政策扶植,也通过这一名称体现。

高标准引入企业

中关村软件园成立以后,特别是国家级软件产业基地挂牌后,作为中关村软件园建设和运营的主体,北京中关村软件园公司执行国家对空间和产业的规划,按照国家对中关村软件园的定位,制订公司战略规划。软件园公司从建立之初就明确坚持,入驻园区的企业必须是以软件为主的高端信息技术企业,重点吸引企业将自己的总部或核心研发基地落户园区。

中关村软件园有两种引入企业的方式,一是提供土地,让企业自建楼宇;一是出租已经建好的研发用房。后一种主要面向前沿创新型、快速成长的中小微企业,而在建设初期,提供土地吸引大企业是重点。对初期商洽入园的企业,中关村软件园坚持"国际化"和"大企业"的高标准。"国际化",就是吸引国际著名软件公司进驻园区以起到示范作用；"大企业"，则是面向国内知名大型软件信息服务企业，希望它们在园区进一步做强做大，提升国际竞争力。

高标准意味着工作的高难度，还意味着常常需要舍弃近在咫尺的利益。如果对入园企业不加选择，无论是科技企业，还是房地产企业，或是其他行业的企业，一概欢迎，采用价高者进的规则，虽然也符合商业逻辑，有助于快速回笼资金，尽快见效。但那样的后果如何呢？不专注，大杂脍，国内外都有失败的教训。软件园公司在快速完成财务指标和坚持园区产业规划、并通过产业促进和服务实现战略目标之间，毫不犹豫选择了后者。坚定不移按照产业规划洽谈企业入园，婉拒了很多其他行业知名企业的入园意向，包括两家全球五百强公司。

迎来首批企业

"第一"，常常被历史铭记。中关村软件园的第一家签约入园企业，是北京中科大洋科技发展股份有限公司。

大洋科技公司于1989年1月在中科院电子所内属于司机班的、仅50平米的两间半地下室内成立，姚威和其他8个充满激情和梦想的年轻人开始创业之路。

针对当时广播电视数字化的发展趋势，大洋科技公司从超声波图像分析以及图像定位开始起步。凭借扎实过硬的技术创新和服务，公司很快打开了局面。1989年3月，大洋科技公司在美国研发和销售了用于农业的图像分析系统；6月，该产品在国内也有了很好的应用。这对于一个成立不满5个月的企业，实属不易。1990年，大洋公司将生物医学图像处理技术运用到广播字幕机上，成功开发出了中国第一台特技型彩色字幕机，它的出现让简单色彩的字幕机黯然失色。

随后大洋科技顺利完成了三级跳：1993年，中国第一块广播级图形字幕卡——大洋字幕金卡问世，结束了中国字幕机板卡长期依赖国外进口的历史；1997年，大洋公司发布了DY3000多媒体非线性编辑系统，带动了中国视频行业从传统字幕产品向非线性编辑系统扩展，标志着国产非线性编辑系统进入主流市场；1999年，大洋科技又与福建电视台合作建成全球第一个非线性新闻制播网络系统，将广电行业推向了数字网络时代。该系统荣获了2001年度"国家科学技术进步一等奖"，创始人姚威代表大洋公司在人民大会堂接受了国家主席江泽民亲自颁发的证书，这是广电行业到2001年为止获得的最高政府奖励。至此，以融合先进IT技术和广电技术、全面提高广播电视领域的技术水平和工作效率为己任的大洋公司已经成为"领先科技"标杆。

2001年10月24日，北京饭店举行了大洋科技公司入驻中关村软件园签字仪式。12月28日大洋研发中心奠基。2003年12月18日，大洋研发中心举行落成典礼，公司总部入住大洋研发中心。研究发中心新楼三层，顶层建有员工活动室，总体布局现代、通透，率先营造出中关村软件园"绿色、人文"的和谐环境。

2002年的一天，中关村软件园迎来了一群来自东北的客人，为首的是东软软件股份有限公司董事长刘积仁。他参观时笑着说："这个地方叫'东北旺'。预示着东软软件来了一定会兴旺。"随后不久的9月11日，东软与中关村软件园公司正式签署协议，总投资6000

万元的东软北京解决方案验证中心落户中关村软件园。刘积仁董事长希望借力北京的区位优势，一则吸引更多优秀人才，一则让东软北京解决方案中心成为联络国内外合作伙伴和客户的枢纽。多年过去，东软软件兴旺发达，不断做强做大，成为国内几大软件巨头之一，看来东北旺这块福地，刘积仁确实选中了！

  2002年6月13日上午，美国甲骨文（ORACLE）公司董事长兼首席执行官拉里·埃里森来到中关村软件园，与北京市政府、软件园公司商讨在这里建立甲骨文公司中国开发中心事宜。半年之后的2003年1月，甲骨文公司北京开发中心正式进驻中关村软件园。2004年12月30日，甲骨文公司再次决定斥资在中关村软件园自建研发楼。

2002年6月，甲骨文公司拉里·埃里森一行到访中关村软件园

甲骨文是世界排名第一的数据库技术供应商，在企业级软件市场地位突出。这家总部位于美国硅谷的公司，是美国硅谷影响力的重要组成部分。作为第一家入驻中关村软件园的跨国公司，甲骨文开发中心的入驻是中关村软件园的标志性事件，它意味着园区的综合优势得到全球行业龙头企业的青睐。关于甲骨文公司的入园，现任北京市经信委委员、软件处处长的姜广智回忆，当时担任北京软件促进中心主任的他，曾带队到硅谷会见拉里·埃里森，他只讲了两句话，一是中关村软件园的环境不比硅谷差，二是中国庞大的市场需求正在等待Oracle。正是这两句话，很快打动了这位软件狂人。

甲骨文公司的入驻，对其他企业起到了引领示范作用。紧随其后，2003年6月，IBM签约入驻中关村软件园，6月27日红钻大厦开工。2005年7月25日，IBM中国研究中心正式入驻中关村软件园红钻大厦。与此同时，2004年1月，中关村软件园内的德国西门子研发中心也宣布开业。2006年8月31日，英国路透集团[①]中国研发中心又在中关村软件园挂牌。

加速推进园区发展

尽管刚开工就被确定为国家软件产业基地，中关村软件园在建设初期却面临三个不利因素：起步晚，拆迁工作量大，土地成本高。中关村软件园于2001年初开始动工的时候，上海的浦东软件园已经

---

① 2008年4月，英国路透集团与加拿大汤姆森公司合并，成立汤森路透集团。目前（2015年9月）汤森路透集团的中国分支仍驻在中关村软件园。

筹备和发展了近10年，大连软件园已经建设了3年。在11个国家软件产业基地中，中关村软件园是起步最晚的。园区所在地原有居民2000多户、企业70多家，征地拆迁量在国家软件产业基地中又是最大的。巨大的拆迁工程导致中关村软件园土地成本高昂。

虽然一开始就面临三个不利因素，三年之后的2004年，中关村软件园却取得了引人瞩目的"三大成果"：项目落地规模大、入驻企业品质高、建成面积和开工面积大。

现任董事长周放回忆中关村软件园公司新创时期的成果时，她认为，三大因素直接对软件园的工作产生积极影响，一是国家有关部委和北京市、海淀区政府的指导和大力支持，二是中关村独有的区位优势和创新创业环境，三是中关村软件园已经有了明确的产业定位和发展模式。

她还强调，中关村软件园诞生之初就是"三高"：规划立意高、产业定位高和引进项目品质高。三年过去，"三高"体现在首批在园区落地的项目中。

当然，还有一个关键因素开始显现作用，即园区独特的管理模式。中关村软件园的与众不同就是由企业管理。全国的软件园，由政府管委会直接管理的多（管委会是政府机构，为了方便与入园企业签合同，一般也会成立公司，形成"两块牌子、一套班子"），真正通过市场化运作的企业管理的少。

这两种模式各有优势。管委会直接管理的园区在建设阶段速度快，力度大，审批、拆迁、获得政府支持都相对便捷，园区很快就能具备一定规模。企业运营管理的园区则通过现代企业制度的建设、符合市场规律的决策，可在更长时期内保持一致性的战略。而像中关村软件园这样，由一家国企来运营和管理，保持战略一致性的优势则更大，能充分体现政府意志，一张蓝图画到底，不至于因为追求短期利益而转向。

从开工建设到起步发展，不难发现，中关村软件园公司始终将吸引软件企业入驻、为软件企业营造有利于发展的环境作为开展工作的出发点和着力点。

助力软件企业登上国际舞台

中关村软件园公司在建设之初就明确，要以发展科技服务业为努力方向。提高科技服务水平的抓手之一，同时也是建设一流的国际化园区目标的途径之一，就是助力国内的软件企业登上国际舞台。

2002年9月8日，中关村电脑节期间，中国—印度软件投资合作国际交流会在中关村软件园孵化器大楼召开。同年12月软件园公司赴日本和韩国参加北京市对外投资环境说明会，并开展对日、对韩项目合作推介活动。

2003年10月，中关村软件园与美国Soft Tech公司在信息中心举行"开拓美国软件外包市场"合作签字仪式；2003年10月，中关村软件园与韩国忠清南道友好合作签字仪式在软件园信息中心举行。

2003年11月10日，入驻中关村软件园的北京昂思高科技有限公司、北京艾普思科技有限公司等六家企业联合成立了北京东联华兴软件技术有限公司，主要从事对日软件外包业务。12月5日，在中关村软件园的倡导下，中软、中讯等公司成立了中关村软件企业出口联盟，以合力开拓国外市场。

战略目标定，紧锣密鼓催。2004年4月27日，中关村软件园软件出口服务中心在软件园隆重举行了奠基仪式，7月15日国家软件产业（出口）基地资源共享平台讨论会在软件园信息中心召开，8月3日中关村软件园被国家发展和改革委员会、信息产业部、商务部批准为国家软件出口基地。

2004年11月，软件园于硅谷举行了面向美国主流社会100多位知名风险投资商和美国企业的高层领导的专题推介会。

虽然我国软件出口仍存在晚、散、小等不利的因素，但是利用北京的软件人才优势和企业自有知识产权多等特点，中关村软件园完全有可能率先迈向外包产业高端，从国外公司接手外包业务，成为行业用户的首选接包地。

为此，在软件出口服务中心设计之初，就决定要营建一个高起点的国际化软件产业枢纽。除此之外，为了改变我国软件外包企业规模较小、接包困难的状况，软件园公司在积极推动软件企业自主联合的同时，还直接将触角伸向日本市场和欧美市场。通过发展软件的平台优势，聚集行业龙头企业，产生聚集效应，让国内软件直接参与国际竞争，拿到国际订单，甚至得到国际资本的青睐。

专业服务如此重要

在第一个五年，软件园公司就对服务提出标准：满足入园企业要求得30分，让入园企业满意得60分，让入园企业兴奋得80分，另外20分要在实践中不断挖掘新的服务内容，来为入园企业追求卓越价值。

2003年9月，在第六届中关村电脑节上，西门子、中国银联、中国高新技术投资集团、巴基斯坦Techlogix公司以及爱尔兰Iona亚太研发中心等几家公司正式签约入驻中关村软件园。Iona亚太研发中心的白霓虹在决定入驻前，向中关村软件园公司董事长李保欣提了一个问题。"人才，要看工程师的技术和性格能否符合我们的要求。软件开发需要有创意，如何让工程师有创意是一个很微妙的问题。周边的环境和气氛非常重要，如果周围的企业不是做软件开发的，那就像是一个孤岛。中关村软件园能了解我们的需求吗？"

李保欣回答："硬环境虽然很重要，但只是良好的基础，无价的产业服务才是入驻企业最需要的，我们将营造中关村软件园独特的软件思维和工作环境。"曾经有一家国际知名的行业发包商在考察了中关村软件园后，放弃了外地更具吸引力的优惠政策，拍板进驻中关村软件园。很重要的原因之一正是看中了这里高起点和日益完善和产业服务。

"我们的服务理念就是让入园企业满意、让入园企业兴奋，在实践中不断发掘新的服务内容，不断提高新的服务标准，不断创新服务质量，为入园企业追求最大的价值。"2003年11月5日下午，北京中国国际展览中心，第七届中国国际软件博览会上，中关村软件园公司参会代表这样介绍中关村软件园提供的服务。

现任中关村软件园公司副总经理的杨楠，是2003年加入中关村软件园公司的。长期分管产业服务的他，经历了中关村软件园精致服务从无到有的全过程。杨楠清楚地记得，刚刚加入时从事产业服务工作的只有他一个人。但当时的公司领导非常重视产业服务，要求他按"打分理论"开展工作。

2003年对于建设之初的软件园来说，信息化还是一个较为模糊的概念。当时国内专业园区的信息化建设都还处于起步阶段，因此能否适应园区将来的发展，找准方向并充分利用软件园自有的优势，成功迈出第一步显得尤为重要。

随着入驻的企业越来越多，对服务的要求也不尽相同。有的企业看重价格，希望价格尽量便宜；有些企业要求质量，对价格反而不是很看重。从事外包的企业也有自己的特点，他们要求在项目进行时由不同运营商分别提供不同入网线路，项目结束后则不再使用这些线路。

作为入驻园区的第一家大企业，大洋科技公司入驻后，需要园区解决上网和电话的问题。园区将此项服务外包给了专业的运营商，但恰恰是由于运营商的问题，造成了企业48小时的断网。软件园公司意识到，运营商的因素不可控，一旦出故障，园区企业会受到很大影响，因此要想办法解决。

中关村软件园随即开始自行加强园区的通信基础设施，设立了两个目标：一，入网有备份，把运营商出故障带来的影响减至最小；二，企业可以根据不同时期的不同需求，选择不同的通信供应商。

为此，中关村软件园搭建了由电信、联通、移动、电信通等公司提供通信资源的统一服务平台，各个供应商之间的切换可以动态进行。即使某个运营商提供的服务中断，平台会切换到另一家运营商提供的线路上，不影响企业的使用。

基础通信资源的匮乏是园区信息化建设面临的最大困难，经过反复调研和思考，软件园公司充分意识到以园区现有资源为基础，构建园区骨干网络平台是开展信息化的必要前提。为了加快建设步伐，中关村软件园经过与联通、网通、中国电信等多家电信运营商的协商，确立了紧急合作关系，完成了需求迫切的园区骨干网络线路铺设、5家大型入园企业的数据及语音接入等重点项目的实施，并为后期项目的开展做出了必要准备。

经过一年多的努力，中关村软件园完成了骨干网络建设，建成了园区通信机房，并正式向入园企业提供服务，在此基础上还构建了具有软件园实际特点的公共信息服务平台。为企业提供定制通讯服务，走出了科技园区通信服务中具有创新性的一步，实现了由单纯的园区增值服务到盈利运营的过渡。

园区基础通信属于区域性的驻地网运营，没有成熟模式可以借鉴，是一个全新的事物，这方面的建设和运营模式，中关村软件园公司做了3年的探索，最终赢得了成功。

在此基础上，软件园专业信息技术团队也开始组建起来，IT服务能力得到了明显的提高，同时园区"公共技术支撑体系"也成为除产业服务体系和商务服务体系之外，园区公共服务体系的另一个重要组成部分。随后的几年中，在公司领导的大力支持和各相关部门的积极配合下，公司IT服务团队锐意进取，围绕"公共技术支撑体系"的建设，在开拓中求发展，不断化解挑战，积极整合资源，经过不懈努力，建成了以通信服务、增值服务和公共服务等三大方面为核心的园区公共技术支撑体系，打好了"服务"的关键基础。

获国家领导人高度评价

　　国区建设快马加鞭；以高标准打造高端专业化园区；助力中国软件企业和国际领先企业同台竞技；以"让入园企业兴奋"为目标持续改进服务水平……凡此种种，中关村软件园建设起步期卓有成效的工作，实实在在的成绩，获得了国家领导人的高度评价。

2003年1月24日，中共中央总书记胡锦涛视察中关村软件园

2003年1月24日，中共中央总书记、国家主席胡锦涛，在中共中央政治局候补委员、书记处书记、中央办公厅主任王刚，中共中央政治局委员、北京市委书记刘淇和北京市市长孟学农等陪同下视察中关村软件园。胡锦涛总书记在认真听取软件园公司对园区规划、三年建设和产业集聚进展情况的汇报后，对园区建设取得的成绩表示满意，当场作出了"三年成绩喜人，今后任务艰巨，发展前景美好，大家仍需努力"的重要指示。

第二章
攻坚克难坚韧前行

成就辉煌，不可能一帆风顺；"不经历风雨，怎么见彩虹？"艰难谈判签约的企业步步紧逼，要求按期入园，可拆迁却一拖再拖；资金回款出现问题，又恰逢全球金融危机；几乎发不出员工工资，巨额贷款银行又紧逼还债，压力重重，惊心动魄。直面挑战、坚韧前行，度过难关，走出低谷，中关村软件园公司经历的那些艰难日子，演绎的那些动人故事，令人回味，让人感奋。

经过第一个五年的快速发展，中关村软件园建设进入一个深耕细作的新时期。当时，在中国做园区建设是"摸着石头过河"，经历的过程不可能一帆风顺。2005年之后的几年，多种内外因素给摸索中的中关村软件园公司带来了严峻挑战，公司一度陷入"深水区"，几乎面临灭顶之灾。

2005年起，园区的一级（土地开发）和二级（载体建设）建设工作同时进行，投入极大，资金长期占压，现金流非常困难。由于拆迁问题，很多地块的开发迟迟难以推进，无法交付入园企业，从而导致无法实现资金回笼。受全球金融危机的影响，2007年起国家缩紧银根，中关村软件园公司需要的商业贷款也变得空前困难。这些因素叠加在一起，形成巨大威胁与挑战。到2008年底，资金问题差点让公司破产，这是中关村软件园历史上最为惊心动魄的一次危机。直到2009年，中关村软件园二期项目获得批复，产业空间实现扩区，中关村软件园才喘过气来，迎来新的发展时期。

这段经历使软件园公司更加深刻地认识到，市场千变万化，企业发展不可能一帆风顺，随时都可能面临困境，从困境突围，出路是发展；只有不断突破困境，才能让园区进入良性循环。回顾中关村软件园建设的第二个五年，亲历其中风雨周折的现任公司董事长周放感慨系之："不管有多大的困难和压力，也要把园区做成。没有当时的顽强坚持，就不可能有今天的软件园。"

拆迁工作困难重重

对于软件园的土地一级开发来说，拆迁的艰难困苦难以言说。

中关村软件园一期工程规划用地上原有70多家乡镇企业和2000多户居民，是一个混杂着小企业、小作坊和居住大杂院的城中村。一个不足1.4平方公里的科技园区面临错综复杂的拆迁局面，承担拆迁工作的是北京海淀科技园建设股份有限公司（海科建公司）一时不知从何下手。

当初，中关村软件园的选址其实有着多重的考虑，所谓"一石多鸟"，既建设国家软件产业基地，促进北京软件产业的发展，又实施小城镇改造，治理面貌混乱的城中村，承担起北京市推进城市化建设、城市空间优化升级的规划意图。

由企业承担并实施拆迁，因其手段有限，条件制约，直接影响了园区建设进度。难解难分的拆迁"持久战"导致园区在一级市政开发、二级单体建设、企业资金运作、项目引进落地等等方面举步维艰，对建设单位和施工单位的进度和成本都造成"灾难性"影响，步履蹒跚，道路崎岖。而同时期国内其他的科技园区，一般由政府负责拆迁，园区建设的步伐明显要快。

而与此同时，由海科建公司负责拆迁，由软件园公司负责园区建设，两个经营实体、责任主体协同推进拆迁，需要两个企业目标任务高度一致、标准要求高度一致、方法策略高度一致等等，面对错综复杂的拆迁任务，两个企业的协调工作难度可想而知。

然而，拆迁没有退路，不完成拆迁，中关村软件园就不能前行。只能借助时间，一点一点清除障碍，一个一个化解难题，先后历时11年，在海淀区政府的大力支持下，海科建公司和软件园公司联手，用百折不回的精神和务实的工作态度，化解各种难以意料的问题，最终全面完成建设用地拆迁。

2003年，迁出222户。

2004年，迁出423户。

2005年，迁出789户。

2006年，迁出102户。

2007年，迁出52户。

2008年，迁出377户。

2009年，迁出81户。

2010年，迁出84户。

2011年，迁出8户。

2012年，迁出5户。

2013年，迁出1户。

历时11年，总计迁出2144户。截至2013年8月，软件园建设用地范围内居民拆迁工作终告完成，中关村软件园终究没有倒在拆迁的路上。

"其间的惊心动魄、曾经的岌岌可危，现在回想起来，仍心有余悸。"公司部分元老这样回忆。因为在一期拆迁完成之前6年，也就是原计划一期拆迁收尾的2007年，拆迁的困难曾经演变成严重财务危机。

到2007年为止，软件园27块可出让土地中，尚有11块已签订入园协议的土地，因拆迁未完成，无法交付入园企业进行建设。这些已签约的入园企业，既有国际知名企业，也有国内承担国家科技自主创新重大专项工程的企业，由于不能按时实施项目开工，公司只能出面协调，帮助租用临时研发用房。

尽管企业想办法找寻替代方案，万般无奈中，中关村软件园公司的致命难关还是无法避免。不能交付土地，就无法获得回款，进行中的项目还不能停，要继续投入，"量入为出"已变得不可能，企业的生命线——现金流变得青黄不接。中关村软件园公司的财务风险居高不下,员工几近发不出工资,开发项目处于现金流断裂阶段——破产,似乎已经扑面而来。

金融危机加剧困境

2007年爆发的全球金融危机更是雪上加霜。在这一轮金融海啸中,美国数家大型银行摇摇欲堕,要求国家紧急救助,房地产市场崩溃,数百万人失业。华尔街变得风雨飘摇,不仅使美国的小企业和平民百姓为此支付高昂的代价,而且冲击全球的金融与经济秩序。

中国也未能幸免。在全球化和全面融入世界经济的时代,全球金融危机对我国的影响也快速显现。中关村软件园公司同样感受到全球金融危机所带来的阵阵凛冽寒流。

忽然间,银行加强风险管控,贷款条件更为苛刻。在全球金融危机背景下,一些关键贷款项目决策面临更大的风险,这对中关村软件园公司的股东和决策者们构成巨大考验。

贷不到款,公司只好考虑"变卖家产",出售自持物业,否则资金链可能在2008年下半年某一天的早晨或下午砰然断裂。

2008年初开始,中关村软件园公司先后与新加坡淡马锡旗下凯德公司、腾飞公司、丰树公司就资产转让进行实质性谈判。当时这些公司比较看好软件园的不动产,意欲以此为切入点进军中国工业和科技地产,而软件园公司当时也非常需要促成合作,以解现金的燃眉之急。2008年中秋节前后,次贷危机加剧,美国雷曼兄弟宣布倒闭，几家新加坡公司旋即相继退出谈判。软件园公司出售资产的努力也告失败，公司财务危机变得更加严峻。

13 天艰难筹资还贷 3.75 亿

这是中关村软件园公司发展历程中不得不说的故事！

这一故事背后的太多曲折和细节，多年都未能在公众面前还原。今天也只能通过一些零碎的回忆，来重述软件园公司当年从资金困境中如何绝处逢生。

也许正应了中国人的俗话，年关难过。

2008 年 12 月底。因为拆迁延迟，一期工程迟迟不能按照与入园企业协议约定的时间交付"三通一平"的土地。

资金无法回收，原来向银行的借款又到了还款日期。而且此时 6 笔贷款密集到期，第一笔 2008 年 12 月 19 日到期，最后一笔 2009 年 1 月 4 日到期，总共需要还本付息 3.75 亿元。1 月 1 日至 3 日是元旦假期，筹措 3.75 亿元还款的时间，仅有 13 天——这是关系公司生死存亡、令人心惊肉跳的 13 天啊！

当时，软件园公司账上有多少现金呢？银行账户现金余额不足 150 万元，员工工资已不能按时发放。如果 3.75 亿不能如约归还，公司将被清盘破产。这可不是开玩笑——13 天，6 笔还款，共计 3.75 亿元，生死考验。怎么办？必须借钱，从股东、合作伙伴、兄弟公司那里借钱，当时公司管理层所有能想到渠道全都想到了。

3.75 亿中，其中有笔"小"债到期，必须尽快付 200 万元的利息。数额虽然不大,但在当时,200万元从何而来啊。总经理周放和总会计师杨大生想尽一切办法,期望从公司全部账户中挤出这笔钱,但各账户里仅有的一点钱基本上是为缴纳水电费等日常开支准备的,而且由银行定期直接划拨,根本没法儿动。周放曾想到动员公司内部员工以个人集资的方式凑钱,但思虑再三,觉得不可行,公司员工也凑不起200万元。所幸当时一家北京企业借给公司200万元,解了燃眉之急。

向银行申请贷款展期,银行自身难保,不是每家都能轻易答应。经过多方努力,向北京银行申请展期的流程走到了总行。2008年12月29日,冬季的北京被铅灰色的天空覆盖,北风阵阵吹过人们的面颊,周放和杨大生赶往北京银行总行。他们担心停车耽误时间,不敢开车,坐公交车赶,在早上7:30到了复兴门金融街,和北京银行当面申请贷款展期。谈起北京银行,到今天经历其事的软件园人还心存感念。这家银行在中关村软件园最困难的时候,同意软件园公司一笔4000万元的贷款展期,缓解了公司"黑色13天"中沉重的资金压力。

谈完北京银行的4000万,还要补6000万的"窟窿"。中关村软件园公司找到北京市国资公司,申请借用6000万元。以此事为议题的国资公司总经理办公会定在12月31日上午开。次日是元旦,下午大部分职工将提前下班,这是2008年最后半个工作日,也是"黑色13天"的最后期限。如果不能借到这6000万,等待中关村软件园公司的,只能有一个坏的结果。

这天上午，周放赶到北京市国资公司，总经理办公会正在召开，周放和几个同事就在走廊里焦急地等待结果。总经理办公会12点半之后才结束，传出了好消息——国资公司同意借款。周放回忆说，"我当时感受到了雪中送炭的真正含义。"会后他们立即跟相关负责人落实此事，快速办理内部借款审批手续，顾不上所有人的午饭时间（下午就要放假，周放抱歉地想，只能如此了），盯着支票签字盖章，拿到手里才舒了口气。回忆起那一幕，周放董事长对北京国资公司的感激之情溢于言表，她说，软件园公司最困难的时候，得到了他们最宝贵的支持。这位多年从事科技地产开发，应对过无数艰难的坚强女性，谈起这一段经历，感慨系之，记忆犹新。

回头来看，3.75亿元对于业务涵盖地产开发的企业，实在不算大数目，而对当年的中关村软件园公司而言，却是个天文数字。面对生存危机和发展困境，公司坚持自己的努力和探索，干部员工用"一定要把园区建成"的信念坚守，奋力化解了危机。

信念坚定是成功的关键，也是化解危难的良方。中关村软件园管理层始终坚信园区的定位是正确的，公司的定位是正确的，由此朝着既定目标坚持不懈前行。世界的竞争版图在悄然发生变化，以科技创新驱动能力为代表的综合实力较量，将是未来很长一段时间内主导世界格局体系的关键力量。软件正是将来国家竞争力的战略制高点。为了打造一个在软件领域具有全球影响力的科技创新中心，中关村软件园人咬紧牙关，拼死争取，不言放弃，在最艰难的时候也坚持专业园区的定位，守住初心，只吸纳对信息科技行业有全国或全球影响力的软件企业入园。他们顶住了经营上的重重压力，在最后关头化解了公司的资金危机。这种团队齐心协力、共同努力、强韧坚持的精神，塑造了软件园公司的集体意识和价值观，这种价值观融进公司DNA，成为软件园公司独特企业文化的重要组成内容。

聚焦目标谋划二期

2005年中关村软件园成立五周年的时候，有人觉得软件园公司做完土地开发、入园企业签约的工作，任务已经结束，可以撤出园区了。

可中关村软件园人不这么想。如果园区只有一期的1.39平方公里，要成为有国际影响的科技创新中心，成为北京软件产业的核心区，成为软件产业高地，达到国家软件产业基地的目标，明显存在差距；目前的产业集聚规模不足以形成产业生态环境，弄不好产业基地会半途而废。为了成就国家软件产业园区的发展目标，必须谋划二期。在这一点上，相关政府主管部门、中关村软件园公司的上级机构和软件园公司自身，很快达成共识。在它们的共同推动下，2005年9月15日，建设中关村科技园区领导小组办公室开会，北京市主管领导主持，将中关村软件园二期正式纳入议事日程。

在进入第二个五年之前，中关村软件园区内的企业也在自主创新方面进行了大量的探索，获得优异成绩。曙光、大洋、汉王、信威通信等企业的创新研发成果先后获得国家科技进步一等奖；中关村软件园内跻身中国创新百强企业的数目达到 5 家。

为了更好地满足园区企业自主创新需求，软件园公司在品牌、技术服务和海外交流、国内外合作等多方面全面出击，全方位致力于帮助园区企业推动国际市场开拓和国际交流与合作，不断创新产业服务探索，为园区企业营造了良好的环境，良好地创建了园区与企业之间的和谐关系。

在第二个五年里，中关村软件园先后与美、欧、日、韩、印度等 16 个国家相关机构建立合作联系，并与芬兰科技园、韩国仁川、印度班加罗尔、马来西亚多媒体走廊等 10 余个国际园区建立了友好园区关系。

2005 年 2 月，在中印软件产业合作峰会上，国家发展和改革委员会、信息产业部和商务部三部委联合对国家软件出口基地授牌

2005年6月，中美印软件产业合作签字仪式举行

中关村软件园逐步发展壮大，特别是园区的产业服务取得一定成绩之后，一些人士认为软件园发展不用继续增加空间。为了实现产业基地的建设目标，软件园公司经充分论证，明确提出，3平方公里是专业园区初步实现产业聚集的基本空间。如果没有必要的产业空间，聚集效应、产业生态都无法形成。

"3平方公里基本空间"也是瑞典西斯塔科技园的大小——西斯塔技园运营管理的地域面积大约是3平方公里。西斯塔科技园区已经发展了30多年，早已从建设期进入了全面运营期，产业服务也从以提供基础设施服务为主，转变为以提供高端服务（如风险投资）为主，进入了科技园区的高级形态。中关村软件园公司负责人清醒的意识到，一期带来的产业聚集还远远不够，一些新兴产业集群由于空间所限未能纳入园区，从一期成长起来的企业急需一个扩大发展的空间，何况未来随着产业发展动态调整园区产业布局也缺乏载体。争取二期项目建设关系到北京的软件"双基地"的规模和参与国际竞争的前景。只有有了必要的产业空间，才能在园区真正形成高端产业聚集，形成一个良性的产业生态圈。因此，要想软件园得到健康发展，扩大中关村软件园面积，二期立项申请必须要提上日程。

在软件园公司负责人看来，产业聚集是产业发展的基础条件，如果产业聚集的规模品质不足，中关村软件园这个国家级软件产业基地所承载的责任和使命就会半途而废。既然志在必得，中关村软件园人就义无反顾前行，想尽一切办法去落实。

中关村软件园二期的规划批复过程的确很长。前文述及，2005年9月在北京市主管市长和"建设中关软件科技园区领导小组办公室"的推动下，中关村软件园二期项目正式纳入了政府审批范围。从那时起，历时六年，软件园完成二期1.21平方公里控规和修规的审批，分三次获得批复：第一次0.25平方公里，第二次0.25平方公里，第三次0.71平方公里。至2011年6月完成二期全部规划审批时，软件园两期占地范围共计2.6平方公里。二期规划批复的6年历程，同样是一个中关村软件园公司"坚持"文化的生动诠释。

度过艰难走出低谷

在中关村软件园15年的发展中，2009年是一个转折点。这一年中关村软件园公司逐渐走出低谷，开启新的发展阶段。

2008～2009年，虽然面临巨大的资金压力，但是随着拆迁工程的推进，园区配套项目的土地挂牌交易，土地开发的资金逐渐回收，软件园公司的资金链止住了"流血"。同时公司在园区发展上坚持既有思路。不动摇，也让园区内外更加看好中关村软件园的发展前景。

二期批复之后，园区发展开始加速前行。回顾起来，如果要简略总结，一期让园区具备了基本形态，又用十年时间涵养了产业生态；二期的批复则纾解了园区产业空间不足、集聚规模不够的问题，为园区产业的进一步发展和升级，提供了条件。

这一时期，园区的运营和管理模式也逐步变得清晰，一面实现国家级软件"双基地"的战略意图，一面创造性地满足入园企业多样化、个性化的需求，中关村软件园的美好发展前景逐渐明朗。

随着项目落地接连不断，产业集聚顺利形成，入驻园区的企业越来越多，软件园公司的生存压力也随之减小。2009年，软件园公司的财务状况开始明显好转，收入迈上新台阶，公司发展开启新阶段。

园区建设也取得了新的进展，先后建成了一流的基础设施，商务酒店、会展中心日益完善，宜业宜居，基本拥有软件企业需要的配套设施。软件园公司所提供的服务包括由人才培训、政策咨询、协会联盟等构成的产业服务体系；以通信服务、增值服务、公共服务为核心的技术支撑体系和具有中关村软件园区特色的全方位商务服务体系。

产业集聚需要形成层次，要实现整体意图，不仅要关注大型软件企业，提供独特服务，还要吸引有创新活力的中小微企业入园。硬环境建设是产业集聚的基础，在硬环境中，可以提供丰富服务功能的，正是园区自有载体。

园区建设一期时，软件园公司自有物业并不多，只有孵化器、信息中心、国际软件大厦、软件广场和孵化加速器。规划二期时，在国家产业规划的指导下，进一步强化产业载体，为中小微企业提供更多空间和更多类型的服务。二期新增产业载体包括云计算示范创新中心、国际交流与技术转移中心、互联网与智能创新中心。新的物业设施增加了软件园公司公共服务的空间，为企业加速成长预留了空间，而且还能灵活、机动地应对未来的产业变化——这些能力，也都一一嬗变为北京和中关村地区科技创新能力的重要支撑。

第三章

顺应创新大潮做强做优

创新是民族进步的灵魂，是事业兴旺发达不竭的动力。软件园发展关键在于创新企业集聚，创新成果集聚，推动园区形成创新创业的浓厚氛围；较验创新的标准是打造软件园的国际影响力。经营园区公司的运营创新在于推动服务全面升级；技术支撑服务，产业促进服务，综合服务的专业化、个性化和体系化是中关村软件园公司的致胜法宝。二期建设主要从服务发力。

新世纪是创新的世纪。2007年，党的十七大提出，要"转变经济增长方式，提高自主创新能力，建设创新型国家"，以此为"战略任务"，实现任务的途径则是"加快建立以企业为主体、市场为导向、产学研相结合的技术创新体系"。

2008年以后，西方各国在应对国际金融危机的同时，都对本国科技和产业发展进行新的部署，开始了新一轮抢占科技和产业发展制高点的竞争。全球科技创新高潮迭起，进入一个创新密集和新兴产业快速发展的时代。

2009年，国务院批复建设中关村国家自主创新示范区。在历经"电子一条街"、北京市新技术产业开发试验区、中关村科技园区等阶段后，中关村进入了新的发展时期，成为国家自主创新体系的重要试点示范区域。

自上世纪末，互联网快速普及，通信业全面升级到第三代移动通信和宽带网络，智能手机出现爆发式增长，云计算、大数据。移动互联等新兴技术的发展，为创新、创业开辟了广阔的空间。苹果、谷歌、亚马逊，以及中国的百度、阿里巴巴、腾讯等互联网企业成为新一代产业巨头。由于建设创新型国家战略的推动，我国基于互联网和移动互联的社交网、电子商务、移动APP、云计算、大数据、位置服务、视频等领域的创新创业层出不穷，此起彼伏。

中关村软件园作为中关村国家自主创新示范区的核心园区，进入发展的"黄金期"。二期工程全面开工，战略新兴产业不断集聚，园区创新创业生态环境逐渐成熟，园区支持企业创新创业的服务不断完善，促使中关村软件园在做强做优的道路上大步向前。

园区产业向创新集聚升级

经历国际金融危机，全球孕育新一轮的科技创新高潮。世界经济进入大变革和大调整时期。无论是国际竞争，还是市场的短兵相接，创新能力的决定性意义更加突出。美国硅谷、英国剑桥、法国索菲亚、印度班加罗尔等国际知名科技园区都在采取多项措施吸引各种创新要素，积极抢占全球科技创新和高技术产业发展新的战略制高点。

党的十七大将提高自主创新能力、建设创新型国家作为国家发展战略的核心和提高综合国力的关键，作为调整产业结构、转变增长方式的中心环节，要求把增强自主创新能力贯彻到现代化建设的各个方面。

国务院批复的《中关村国家自主创新示范区发展规划纲要》[①]提出：通过局部试验示范带动全局发展，是我国改革开放的一条成功经验。中关村是我国最大的科技创新高端资源密集园区，肩负引领全国走创新发展道路的重任，需要先行探索中国特色自主创新道路。《纲要》明确要求：中关村国家自主创新示范区要秉承面向世界、辐射全国、创新示范、引领未来的宗旨，坚持"深化改革先行区、开放创新引领区、高端要素聚合区、创新创业集聚地、战略产业策源地"的战略定位，服务于首都作为世界城市的发展定位，力争用10年时间，把中关村建成具有全球影响力的科技创新中心和高技术产业基地。

由于中关村升级为中关村国家自主创新示范区，作为科技园区排头兵的中关村软件园的使命也随之升级。其使命在原先"国家级

[①] 2011年1月26日，国务院批复同意《中关村国家自主创新示范区发展规划纲要（2011–2020年）》。

软件产业基地"基础上被注入了具有全球影响力的创新创业集聚、战略产业策源等新内涵。由此,中关村软件园进入以产业高精尖为主旋律的发展时期。

二期建设发力

2011年7月新入园企业举行集体开工奠基仪式,中关村软件园二期建设全面启动,亚信、天元网络、广联达等8家入园企业的项目同时开工。这些企业分别是国家科技进步奖获得企业、国家重点规划布局软件企业、服务外包领军企业和国家重大项目落地企业,它们将在这里,创造新的辉煌。

2011年7月20日,软件园二期重点项目开工暨新签约项目奠基仪式

中关村软件园二期，总占地面积1.21平方公里，总建筑规模133万平方米。软件园公司决定，在二期的开发建设中，进一步推进园区产业高端聚集，集成创新要素，着力培育云计算、移动互联、新型IT服务、大数据等新一代信息技术和战略性新兴产业，向创新集聚迈进，使中关村软件园率先成为软件和信息服务领域具有全球影响力的科技创新中心。

在软件园二期的企业项目签约过程中，申请入驻的企业数量一度达到园区容量的三倍。软件园一以贯之的产业高精尖定位，至此显示出成效，对更多企业形成吸引，而申请入驻企业数量多，又为软件园进一步坚持产业高精尖准备了条件——上升的螺旋出现了。二期西部地区第一个签约落地的企业，正是腾讯。腾讯是国际互联网领域排名前列的中国公司，在全球市值最高的10家互联网公司中排名第五。

国内老牌IT巨擘联想电脑也看好进入二期发展的中关村软件园，2011年9月，联想集团与软件园公司举行签约仪式，宣布联想总部（北京）园区正式落户中关村科技园区二期。海淀区领导、联想集团首席执行官杨元庆、中关村发展集团董事长于军、中关村发展集团总经理许强等共同见证签约仪式。联想总部（北京）园区于2012年破土动工。

创新力场　中关村软件园的发展探索

2014年9月29日，腾讯北京总部大楼开工仪式举行

2012年12月18日，联想总部（北京）园区项目奠基仪式举行

2012年起，中关村软件园区的高端企业聚集无论是体量、质量都有了跨越式飞跃。截止到2014年底，园区集聚了联想、百度、腾讯、亚信科技、新浪、网易、华胜天成、文思海辉、博彦科技、软通动力、中科大洋、启明星辰、中核能源、广联达等295家国内外知名IT企业总部和全球研发中心，总部经济达80%以上，总产值逾1400亿元，拥有十百千工程企业26家、国家规划布局重点软件企业21家、跨国公司研发总部7家、上市企业（含分支机构）31家、中国软件百强企业10家、收入过亿企业39家。园区每平方公里产值541.9亿元，园区2.6平方公里上的单位密度产出居于全国领先地位。

这些大型企业总部在软件园的集聚，使这里成为中国移动互联网产业集群的高地、中国云计算产业集聚的高地，成为中关村乃至北京市软件与信息服务业创新最活跃的地方。

产业服务升级

在中关村发展集团的推动下，软件园公司坚持特色产业基地建设理念，着力于构建创新的服务体系，并由企业的聚集转变为产业的聚集，逐步走向创新的聚集、思想的聚集。

目前，中关村软件园紧密围绕企业从成立、孵化、加速到成熟的不同发展阶段和需求特点，充分整合各类资源，持续搭建对接平台，构建了专业化、特色化、国际化、品牌化和创新性的产业生态服务体系。该产业服务体系由技术支撑服务、产业促进服务、综合服务三大部分组成。

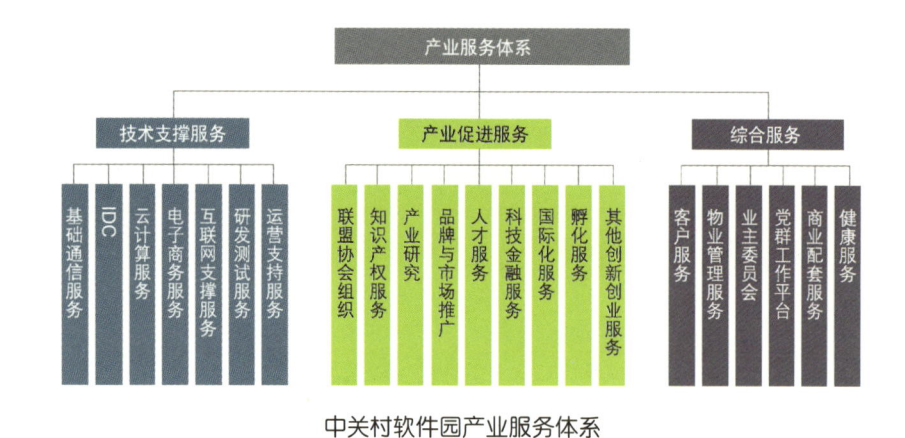

创新力场 中关村软件园的发展探索

```
                        产业服务体系
         ┌─────────────────┼─────────────────┐
     技术支撑服务          产业促进服务          综合服务
    ┌──┬──┬──┬──┬──┐  ┌──┬──┬──┬──┬──┬──┬──┐  ┌──┬──┬──┬──┬──┐
   基  I  云  电  互  研  运  联  知  产  品  人  科  国  孵  其  客  物  业  党  商  健
   础  D  计  子  联  发  营  盟  识  业  牌  才  技  际  化  他  户  业  主  群  业  康
   通  C  算  商  网  测  支  协  产  研  与  服  金  化  服  创  服  管  委  工  配  服
   信     服  务  支  试  持  会  权  究  市  务  融  服  务  新  务  理  员  作  套  务
   服     务  服  撑  服  服  组  服      场      服  务      创      服  会  平  服
   务         务  服  务  务  织  务      推      务              业      务      台  务
                  务                       广                      服
                                                                   务
```

中关村软件园产业服务体系

在技术支撑服务中，中关村软件园能优越地为入园企业提供基础通信服务、电信级 IDC 服务，以及 IaaS、PaaS、SaaS 等云计算服务，可满足 1000 家以上企业云计算资源使用需求；此外，软件园还能为入园企业提供较完备的互联网支撑服务、电子商务服务、研发测试服务、运营支持服务等多层次的技术服务。

在产业促进服务中，软件园能够为入园企业提供从产业研究到品牌与市场、人才、科技金融、国际化、知识产权、联盟协会、孵化、创新创业等一系列支撑服务。

对产业研究的重视是中关村软件园的一个创新和特色。唯其深谙，方能专业，有诸内而形诸外。中关村软件园的产业研究，实时关注园区产业发展及企业发展动向，关注软件产业发展趋势，围绕园区、软件产业重要领域推出专业、严谨的系列研究咨询报告。

人才服务日趋完善。中关村软件园成功取得教育部、国家外专局、北京市教委等主管部门的多项资质。依托国家级工程实践教育中心，与国内50余所大学合作，建立人才资源池，累计为园区企业输送超过5000名技术人才。此外，园区的人才服务中心还引入IEEE国际权威认证体系，培养与国际接轨的中高级服务技术人才。

在园区多层次、多元化的知识产权服务体系下，园区企业可随时获取知识产权托管、知识产权投诉举报、知识产权咨询与培训等服务，促使园区企业知识产权和发明专利数量每年翻倍增长。

品牌与市场服务也是体现园区实力的重要标志之一，是提高园区竞争力的重要手段之一。园区企业不但可方便获取立体化传播服务，还可参加园区每年组织的多种国内外知名市场促进活动，共享行业新机遇。中关村软件园大讲堂、"E起飞翔"等活动拥有广泛的知名度。

联盟协会是政府与企业，以及企业与企业之间重要的沟通桥梁。中关村软件园发起或参与成立了多项产业联盟或协会组织，服务于企业成长，促进产业发展与市场开拓、行业自律。

2007年11月，北京软件服务外包企业协会在中关村软件园成立。这是全国首家服务外包协会，北京服务外包的主要企业悉数加盟，形成了国内最大的接包网络，出口及服务外包总额约占北京总量的60%以上。为开辟海外市场，协会与欧美、日韩、印度等国家的政府部门、研究机构及中介咨询机构建立广泛合作关系，帮助成员企业拓宽市场渠道；为拓展国内市场，协会与金融、政府采购、快递协会、电子商务等行业机构开展企业交流与需求对接活动，并为各级政府展开服务外包工作提供重要支撑。

2008年11月，中关村软件园人力资源总监联盟成立。该联盟不但促进园区企业建立健康有序的人才流动机制，还加强了企业合作和资源共享，形成园区多方共赢机制，实现智慧共享、有序竞争、和谐发展、多方共赢。

2012年5月，中关村软件园和上海浦东软件园、成都天府软件园、大连软件园、海南生态软件园、齐鲁软件园、南京软件谷、深圳软件园、西安软件园、厦门创新软件园、中国电子信息产业发展研究院等园区和单位一道，联合发起成立中国软件园区发展联盟，接受工业和信息化部信息化和软件服务业司的业务指导。它的成立，广泛联合政府、园区、企业和研究机构的力量，促进联盟会员间的沟通与协作，及时交流园区发展动态，共同研究解决发展中遇到的问题；加强中国软件和信息服务行业载体建设，提升园区核心竞争力，实现中国软件园区的创新发展、特色发展、联动发展，推动我国软件和信息服务行业的健康可持续发展发挥重要作用。

2015年4月，由中国产学研合作促进会与中关村软件园共同举办的"创新创业(IT)人才培养新模式高峰论坛暨中国校企协同产学研创新联盟成立大会"在中关村软件园召开。大会成立了中国校企协同产学研创新联盟。该联盟是以企业、院校为主体，市场为导向的产学研用相结合的创新型组织，充分发挥企业创新主体和高校创新要素集聚的资源优势，构建校企协同产学研合作平台，促进院校与企业共同建立校企联合培养体系，促进校企双方共同建立工程实践基地，创建富有专业特色的"校企合作、项目育人"人才培养模式，促进校企协同行业标准体系的完善，促进产教高度融合与产业转型升级，推动和加快我国校企协同发展进程。

2015年4月，中国校企协同产学研创新联盟在中关村软件园成立

科技创新离不开金融资本的大力支持，科技金融是促进科技进步和科技成果转化、提升产业活力的必要条件。一方面，园区有着200多家大中小微企业，它们处于初创、孵化、加速、成熟等不同发展阶段，有着对天使资金、创投资本、产业基金、战略投资、上市IPO等多样性的融资需求；另一方面，政府继续加强政策性资金支持力度，协同银行不断推出中小企业贷款产品，联络国内外知名的PE/VC机构活跃在园区周围，名目繁多的基金争相涌现，各种融资中介机构穿针引线，促使园区企业形成上市的"井喷潮"。

因而，作为园区服务商、运营商，中关村软件园公司针对软件企业个性化需求，为有投融资需求企业构建多元、便捷的融资体系，以及创新、互动的资本对接平台。例如，以"超市"为概念，在园区里建立了一个实现促成融资供需双方对接、成交功能的科技金融超市平台。科技金融服务超市采取线上＋线下的服务模式，线上引入和整合金融行业及相关中介机构服务资源，并通过构建一个B2B 和 B2C 模式相结合的在线服务平台，为中小型科技企业和金融服务机构搭建融资和服务的桥梁。线下通过实体店建设、年会、论坛、俱乐部、中介组织等多种活动促进金融机构和企业对接。目前线上平台注册企业 200 家以上，线上平台平均周点击量达 8000 次以上。

2011 年 12 月 16 日，中关村管委会副主任廖国华和中关村发展集团副总经理张兴胜共同为"中关村软件园科技金融服务超市"开业敲锣

同时，中关村软件园作为首个"中关村信用示范基地"[①]，于

[①] 2013 年 9 月 6 日，中关村管委会、中国人民银行营业管理部、北京市经济和信息化委员会、北京市金融工作局在北京京仪大酒店联合举办"信用中关村"系列活动——北京中关村企业信用促进会成立十周年暨 2013 中关村信用双百企业发布会。会上，中关村管委会授予中关村软件园"中关村信用示范基地"称号。截止目前，中关村软件园是中关村科技园区内的第一家，也是惟一一家获此殊荣的专业园区。

2012年率先启动"信用园区"建设系统工作，将园区作为国家信用体系建设的重要载体，构建信用体系建设的中间层，以信用园区建设探索国家信用体系建设新模式。园区通过推广信用知识、建立信用档案、推行信用贷款、启动信用托管工程、制定信用园区指标评价体系等举措，初步构建了特色的信用服务体系。截至2015年上半年，中关村软件园已有94家企业使用信用评价报告，109家企业建立信用档案，38家企业进行了信用托管，园区企业获得总额为3.87亿元人民币的信用贷款。

2013年9月，中关村管委会授予软件园"中关村信用示范基地"称号

打造软件园国际影响力

现任中关村软件园公司总经理刘克峰介绍，在一次外事活动

上，一位外国专家的话给他很大的启发："什么是朝阳产业？能够和中国合作上的产业就叫做朝阳产业。"这句话让刘克峰突然意识到，中国在世界经济中已经扮演着重要的角色。这位长于金融和经济研究的博士总经理对软件产业如何迈上国际市场这样的话题极为敏感。

其实，早在2003年中关村科技园组织专人就明确提出：将面向国际IT市场，建设成为中国规模最大、出口创汇最多以及管理服务国际化、人才技术国际化、全球知名的"中关村软件出口基地"。2004年8月，中关村软件园被国家发改委、信息产业部和商务部确定为国家软件出口基地。

2003年，中关村科技园组织专人到世界上许多国家进行调研，经过比较，发现北欧市场可以跟国内市场形成互补。调研发现，北欧的一些国家创新能力很强，眼光也很长远。那里的企业属于"有技术没市场"，正好可以跟国内企业形成互补关系。2004年，中关村科技园和芬兰展开交流。并与芬兰的Teknia科技园、Technopolis科技园签署合作协议。芬兰总理万哈宁以及万塔市市长、库奥皮奥市市长都曾来园区参观访问并洽谈合作。

2010年之后，"中芬合作"有了更为实质性的进展。2011年来中关村软件园先后六次组团出访芬兰，并在园区多次接待包括芬兰总理、部长、市长在内的政府与企业代表团。软件园公司还多次组织中芬创新论坛和企业对接会，成功申请了多项中芬政府间合作项目。

2010年11月，北京—赫尔辛基新一代信息技术转移合作论坛暨企业对接会在中关村软件园召开

中关村软件园主导的中芬合作项目是双向合作，既有企业间合作的部分，又有政府间合作的部分，代表性的案例就是中芬金桥创新中心。2010年，正值中芬两国建交60年，"中芬金桥（北京）创新中心"在中关村软件园建成，为两国高科技企业在金融投资、技术创新、项目开发等领域的合作提供了一个复合平台。金桥创新中心的合作双重性体现在，高科技企业是合作的主角，而平台由芬兰赫尔辛基大区投资促进局和北京中关村软件园共同建设，并得到中国科技部和芬兰就业与经济部的大力支持。

有趣的是，在中芬金桥（北京）创新中心成立之前，中芬（赫尔辛基）创新中心已经建成。入驻中芬金桥（赫尔辛基大区）创新中心的中国企业，可享受六个月的免费办公场所与服务。包括一间装修好的约 20 平方米的独立办公室，以及免费的公共秘书服务。而设在中关村软件园的中芬金桥（北京）创新中心提供的条件是，园区为中心免费提供 100～200 平米办公场所，派专人负责中心工作。两个中心形成了镜像，而且工作上彼此对接。

"中芬金桥（北京）创新中心"建成之后，2012 年，中关村软件园又和芬兰合作伙伴一道，成立了"中关村驻芬兰联络处"、"中关村发展集团赫尔辛基创新合作中心"和"中关村软件园芬兰创新与技术转移合作中心"。2014 年，又加挂了"中关村核心区驻芬兰联络处"一块牌匾，成为多功能的集多种资源于一体的国际化服务平台。

2012 年 11 月 13 日，"中关村驻芬兰联络处"、"中关村发展集团赫尔辛基创新合作中心"和"中关村软件园芬兰创新与技术转移合作中心"揭牌仪式在芬兰赫尔辛基举行

2013年4月8日,"中芬国际合作创新平台启动暨北京芬华创新中心签约仪式"举行。中关村发展集团董事长于军、芬兰贸易协会总裁Kari Hayrinen共同为"中芬国际合作创新平台"揭幕

随着国际合作的进一步加强,软件园公司已开始尝试与不同国家创新发展机构建立跨国创新中心或技术转移中心来实现国际合作和跨国技术转移等,促使北京成为世界城市的科技创新引擎。

中以合作是园区服务国际化的另一典型案例。中关村软件园与以色列的软件企业有着频繁而深入的交流合作。在中以两国政府高层的支持下,中关村软件园和以色列施拉特公司合作共建"中以国际技术创新合作转移中心"(SITIC),旨在引入国际创新孵化模式,利用即将创立的政府引导基金将创新技术、创新模式及产业化能力进行有效结合,通过关键节点的技术引进推动国内产业升级和转型。

2012年8月1日,软件园公司和施拉特公司在中关村软件广场成功举行共建"中以国际技术创新合作转移中心"签约仪式。2012年9

月 13 日，在"中国－以色列创新日"活动上，商务部蒋耀平副部长和以色列贸工部凯德密总司长共同为"SITIC"揭幕。

2012 年 8 月，中关村软件园公司与以色列施拉特科技公司共建"中以国际技术创新合作中心"签约

2012 年 9 月 13 日，由中国商务部和以色列贸工部主办，北京中关村软件园发展有限责任公司和以色列驻华使馆承办的"中国－以色列创新日"活动在中关村软件广场举办

不会讲中文的以列色施拉特总裁艾利泽·马诺，别出新裁地用漫画形式表达了他对中国市场的乐观。他认为，拥有技术资源的以色列与拥有市场资源和科技转化平台的中国，能产生"1＋1=11"

的跨国合作的放大效应。艾利泽·马诺说，"以色列缺乏一个很必要的国内市场，也没有一个足够的国内生产基地。中国有自己巨大的国内市场资源，中国也有一个科技转化为生产力的平台，中国巨大的市场资源加上丰富的生产力平台，完全有能力产出很好的产品，这就是两个国家可以互补的很重要的方面。"

SITIC 最初以软贷款的形式来扶持进入孵化器的企业。SITIC 为单个以色列落户企业提供总额不超过 300 万元的"软贷款"支持。2013 年 5 月，在以色列总理内塔尼亚胡见证下，软件园公司与 SITIC 首个入孵项目 CDI 公司举行签约仪式。

2013 年 5 月 8 日，中以国际技术合作创新中心与落地企业 CDI 系统有限公司在以色列总理本雅明·内塔尼亚胡的见证下签署投资协议

2014 年，中以双方本着项目共建、风险共担、利益共享的机

制,在软贷款的基础上创立了"中以创新发展基金",成功引入国际创新孵化模式。基金投资方向在区域上重点聚焦落户于中关村软件园的高科技成果转化项目;在行业上重点关注软件与信息服务业;在投资标准上重点关注四新项目(新产品、新技术、新应用、新模式);在具体细分领域重点关注下一代信息技术,即下一代互联网、移动互联网和新一代移动通信、导航与位置服务、云计算、物联网、大数据及数据存储以及集成电路、新能源、新材料等战略性新兴产业。

类别	出资人	出资额(万元)	占比	备注
GP	施拉特(北京)公司	30	1%	普通合伙人
引导资金	中关村管委会	600	20%	有限合伙人
	海淀园管委会	400	13.3%	有限合伙人
	中关村发展集团公司	500	16.7%	有限合伙人
其他LP	中关村软件园发展有限责任公司	470	15.7%	有限合伙人
	广联达软件股份有限公司	600	20.00%	有限合伙人
	北京软通动力信息技术有限公司	200	6.67%	有限合伙人
	启明星辰信息安全投资有限公司	200	6.67%	有限合伙人

中以创新发展基金的出资人结构

数据来源:中关村软件园发展状况调查报告

在借鉴中关村发展集团创投模式基础上,引进以色列"天使投资+软着陆服务"的国际产业促进高效模式,将资金安全性和资金收益性相结合,并充分依托中方的政府政策指导、资金支持、产业集聚效应和专业优势,以及以方的国际资源、创新孵化管理经验以及全方位增值服务能力,实现中以合作双引擎驱动,引领技术创新。

天使投资按照政府引导基金相关管理办法实施,软着陆服务由以色列施特拉公司与软件园共同实施。以色列施特拉公司负责项目筛选、跟踪和咨询服务,软件园公司负责产业对接和产业促进相关服务。通过服务,帮助以色列成熟的高科技成果在中国实现市场孵化和技术产业化。

中以双方牵手后,转移中心将通过链接全球高端创新和商业资源,吸引以色列和欧美高新技术企业落户中关村软件园,并通过专业孵化加速其产业化。中心成立后,发挥了国际技术合作与转移枢纽的作用,辐射带动国内企业技术创新与产业升级,促进国内产业链关键环节的技术积累和升级完善。

中以创新发展基金的运营者们认为,在国际合作中,引进企业的数量不是重点,对质量要求应该更高。中以基金侧重于引进有关键节点性的、重大突破性的、有前瞻性的、有影响力的、甚至有颠覆性的项目来聚焦。在国际合作中,中方期望达到的目的就不单纯是起到聚合作用,而是要让软件园走出去,在以色列这样的创新型国度的信息领域当中充当重要角色。

如今,在中关村发展集团的布局统筹下,中关村软件园以国际视野集聚创新资源,并着力构建云计算、移动互联、新型IT服务、大数据等产业集群,规划建设国际创新社区,在园区内建立国际合作与技术转移中心,以打造一个集技术引进、成果转化、创业孵化、和产业发展功能为一体的具有全球影响力的高科技创新合作与转移平台为目标,加强与国际机构在国际软件产业方向的合作,吸引国际机构将它们的软件研发中心和创新应用中心设立到中关村软件园。

最近软件园公司又开始尝试与不同国家创新发展机构建立跨国创新中心或技术转移中心来实现国际合作和跨国技术转移等,力促北京成为世界城市的科技创新引擎。

带动创新创业聚集

多年以来,中关村是创新创业的代名词,无数追逐创业梦想的有志之士踏上这片热土,开始了筑梦之路。中关村软件园作为软件与信息服务企业最为密集的区域,在国家和中关村一系列创业政策的推动下,紧跟国家推动的"万众创新、大众创业"战略,正在推动新一轮的创新创业热潮,激发新技术、新业态、新模式不断成长,撑起园区发展崭新的未来。

据《中关村软件园2014年发展状况报告》统计,截止2014年底,入驻园区企业总数达295家。其中,2014年园区新入驻(含新注册)企业51家,近两年新成立的企业有37家,占比72.5%。主要聚集的是创新型的小微企业,创新方向集中在云计算、移动互联网、大数据等战略性新兴领域。园区孵化器2014年新入驻企业27家,留学生企业4家。园区累计孵化企业近600家,吸引留创企业130家;获得政府创新创业类授牌20余项,建立创业支撑类公共服务平台25个,线上聚集有100多家各类支持创业的投融资机构。2014年,园区31家上市公司涉及的投资案例超70件,已披露部分的投资总额达863亿元,2014年底园区上市公司总市值超2万亿元。

无论是大企业的高管离职创业、创业名家的持续创业,还是90后、00后等新生代创业,既需要企业家精神,更需要滋润创业的雨露，不断激发创业活力的氧气，以及适合创业开拓的空间。软件园公司努力集聚好更丰富、更有效的创业要素，构架起各创业要素间的"活化"机制，千方百计让中关村软件园成为创新高地、创业沃土。

如今在中关村软件园，孵化器、信息中心、软件广场、孵化加速器、云计算示范创新中心、国际交流与技术转移中心、互联网与智能创新中心等创新创业载体比肩相邻。这些创新型产业载体都有一个共同的特征——为创业服务，让初创企业不会因为缺乏办公场地、资金、人才和创业经验而难以为继，创业因此而变得简单。新一轮创新创业的"风口"就在这里形成。

整合资源，充分争取和有效利用政府扶持资金，也是中关村软件园服务的重点。近年来，在软件园公司的协作支持下，园区多个创业企业获得了国家电子信息产业发展基金、北京市企业消化吸收与再创新专项、科技型中小企业技术创新基金、重大科技成果转化和产业化股权投资、海淀促进服务外包产业发展专项基金的政府项目资金支持。同时，通过政府支持，先后建立起基础通信平台、数据灾备中心、中小企业公共服务平台、服务贸易促进平台、信息安全服务平台、人才培训与服务平台等公共服务平台20多个，为创业企业提供平台服务。

软件园与人才市场渠道对接，为创业者提供了合作伙伴、构建了人才宝库。一批批初创小微企业、快速成长转型企业凭借人才共享实现共创和共赢。软件园与IBM携手举办全球企业家成长训练营（Smartcamp计划），促使中小企业与巨人同行；中关村云基地落地园区,一批中小微云系企业得到集群化发展;携手百度公司建设网络营销大学,推动培育一批中小微企业实现新技术革命下的互联网营销与发展,等等。

2015年初,中关村软件园启动名为"创业中国"的中关村引领工程,为大众创业搭建新平台。对创业者来说,资金难题困扰整个创业过程;除此之外,创业经验、人才、团队、商业模式都是创业者急需获得的资源。这些资源去哪里找?中关村软件园设想,以园区载体为依托,打造"创+融"高度融合、业态全面、模式创新的创新创业实体服务平台,为创业、创新提供解决方案——"创融e家",实际上就是构建一个线上线下资源的创业服务平台,把创业者和资金等资源连接起来。

2015年4月,软件园公司总经理刘克峰发布"创融e家"服务平台

"创融e家"在空间上分为两期建设，首期以软件广场D座为主，面积约5000平方米；二期以孵化加速器为主，面积15000平方米。中关村软件园将为"创融e家"的成员提供一系列创新创业特色服务，通过新时贷、创客秀、项目汇、沙龙萃、大讲堂、国际范、商务惠等形式，让"创"与"融"在服务中融合。

"创融e家"还通过大数据、云技术、移动互联等技术，提供线上创客空间、创业云、创业社区、创新工具库，让创与融在e平台上共享。

在服务中融合，对于投资者来说，也方便在这里找到好的项目和团队。同时，通过这一平台，促使创业者和投资者互相转化，创业者做好了，也可以去投资其他的项目，而投资者也可以转变为创业者。

2015年7月，国家发布"互联网＋"行动计划，以此为契机，中关村软件园顺时推出"领创空间"。它的运营机构是北京中关村领创空间科技服务有责任限公司，由中关村发展集团、软通动力信息技术（集团）有限公司出资组建，注册资本1亿元。"领创空间"就是利用"互联网＋"的概念，将中关村技术、人才、资本、市场、平台等要素，与区域优势相结合，整合国际国内创新创业资源，搭建线上虚拟服务平台和线下实体服务空间，将城市核心区的1～2万平方米载体，打造成新型创新创业服务平台，引领创新，服务创业，助力地方产业升级、人才战略和经济发展。"领创空间"服务内容包括线上的创业服务、信息服务、业务服务、人才服务和政务服务，以及线下的创新创业空间升级。

2015年6月，领创空间科技服务公司成立发布会举行

随着高端科技服务水平的不断提升，以及企业孵化器、"创融e家"、"领创空间"等服务平台的蓬勃发展，中关村软件园跟上国家战略，又一跃成为"大众创新、万众创业"以及"互联网+"行动落地生根的一片创新创业的沃土。

第四章

产业高地在这里筑成

登高一呼，应者云集。只有占领产业高地，才能成就园区辉煌。从国内外著名软件企业入驻、持续推出具有市场引领能力的创新成果，到紧跟产业发展潮流，布局和推动云计算、大数据、移动互联新技术、新应用；从强化自主创新能力，推动绿色经济增长，到拓展国际市场，形成区域辐射；中关村软件园真正形成了"高端要素聚合区、创新创业集聚地、战略产业策源地"等鲜明特点，站上了中国软件产业的制高点。

在"提高自主创新能力、建设创新型国家"战略引领下，2011年国务院批复的《中关村国家自主创新示范区发展规划纲要》提出，要把中关村建成为具有全球影响力的科技创新中心和高技术产业基地，成为"人文北京、科技北京、绿色北京"和创新型国家建设的重要引擎。《纲要》要求建设高端要素聚合区、创新创业集聚地、战略产业策源地，建设具有全球影响力的科技创新中心和高技术产业基地。

而1999年6月国务院《关于建设中关村科技园区有关问题的批复》[1]，要求中关村软件园承载国家科技兴国、创新驱动发展的重要战略任务。历经15年建设发展，中关村软件园已成为北京建设世界级软件名城核心区、成为我国创新驱动战略体系成果的展示窗口、国际合作与技术转移的关键节点、科技惠及民生的重要源头。目前，中关村软件园正向着创新聚集、区域辐射的方向加速迈进，目标是率先在软件与信息服务业领域建设成为具有全球影响力的科技创新中心。应该说，从"国家软件产业基地"到今天的"中关村国家自主创新示范区"的核心成员，在国家战略引导和相关部委、各级政府全力支持下，中关村软件园十五年的不懈努力交出了一份满意"答卷"，这里已经具有国家所要求的"高端要素聚合区、创新创业集聚地、战略产业策源地"等鲜明特点。

高端产业集聚

逐步成长壮大起来的中关村软件园集聚了关系到国计民生行业的高端软件和行业应用领军企业，集聚了创新驱动下的战略新兴产业集群，企业总部特征明显，战略先导特点突出。

到2014年末，园区聚集了近300家国内外知名IT企业总部和全球研发中心，包括联想、腾讯、曙光、信威、IBM、Oracle、广联达、启明星辰等。园区总产值1409亿元，拥有十百千工程企业26

---

[1] 如前文所述，1999年6月5日，国务院做出《关于建设中关村科技园区有关问题的批复》，原则同意北京市政府和科技部《关于实施科教兴国战略加快建设中关村科技园区的请示》中关于加快建设中关村科技园区的意见和关于中关村科技园区的发展规划。

家、国家规划布局重点软件企业 21 家、跨国公司研发总部 7 家、上市企业（含分支机构）31 家、中国软件百强企业 10 家、收入过亿企业 39 家。

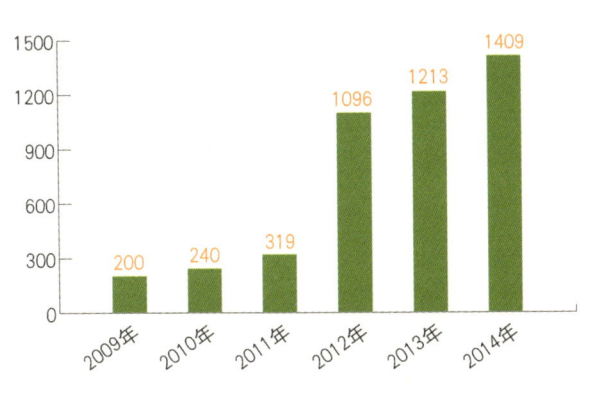

2009～2014 中关村软件园区企业生产总值

年份	总产值（亿元）
2009年	200
2010年	240
2011年	319
2012年	1096
2013年	1213
2014年	1409

数据来源：中关村软件园发展状况调查报告

2014 年园区重点企业分布（单位：家）

类别	数量
十百千工程	26
国家规划布局重点企业	21
跨国公司研发总部	7
上市企业（含分支机构）	31
中国软件百强企业	10
收入过亿企业	39

数据来源：中关村软件园发展状况调查报告

联想集团是全球 PC 第一大厂商。联想收购 IBM PC 后，又于 2014 年以 23 亿美元收购 IBM 的 System x 等服务器资产，每年新增

50亿美元营收，在全球服务器市场份额跃升至第三位。

腾讯公司率先将通信、社交和平台化三大元素链接起来，创造了微信这一影响亿万人工作和生活的领先品牌，其月活跃用户数已达4.38亿，成为全球移动端第一活跃平台，再次探索出令全球互联网业界艳羡的崭新商业模式。

中科曙光信息公司是中国高性能计算产业的代表。1995年"曙光1000"超级计算机的诞生，2010年"曙光星云"超级计算机位列全球第二，曙光公司的潜心研发使高性能计算机性能提高了120万倍，也促使中国跻身国际三大高性能计算大国之列。

信威集团公司以"自主创新，产业报国"为己任，继我国成功拥有SCDMA、TD-SCDMA国际标准之后，其自主研发、并完全拥有知识产权的McWiLL技术标准被正式确认为国际电信联盟公共安全和救灾通信（PPDR）国际标准，成功进入全球民间组织PPDR通信设备采购项目。

广联达公司立足行业应用，自主研发出以工程造价为核心，以工程项目综合管理为主体的软件产品和企业信息化整体解决方案。产品与服务被广泛应用于建筑设计、施工、审计、咨询、监理、房地产开发等行业及财政审计、石油化工、邮电、电力、银行审计等系统，企业用户超过100万家，享有同类产品53%市场份额。

启明星辰公司作为中国UTM（统一信息威胁管理）市场的领先者，经过多年技术积累和持续创新，通过技术保障奥运会、世博会等大型全球性活动的网络安全，第一次通过严格的日本VCCI认证，将中国智造的UTM产品打入国际市场，与世界顶尖品牌同台竞争。

除此之外，园区还集聚了在能源、通信、金融、国防等国民经济重要领域的行业应用领军企业，体现了工业化与信息化的深度融合，代表了战略性新兴产业技术创新的先进水平。在能源软件应用领域，中核能源、恒泰艾普等企业拥有强大的竞争力；在通信软件应用领域，亚信联创、天元网络、信威通信、瑞斯康达熠熠生辉；在金融软件应用领域，工总行研发中心、中国银联在中关村软件园落地开花，同时，文思海辉、思创银联、软通动力都在金融信息化领域拥有良好的影响力和市场规模；在国防软件应用领域，和协航电、华力创通等企业拥有自主知识产权及强大的创新能力；在电力软件应用领域，国电南瑞、科锐配电等企业在助力电力企业信息化方面发挥了重要作用。

除高端行业应用特性外，战略先导性是中关村软件园高端产业聚集的另一处突出特点。

中关村软件园始终站在行业创新发展的最前沿，在云计算、移动互联、新型IT服务、大数据等方面率先形成全国领先的特色产业集群，拥有高度的产业话语权和技术主导权，呈现出典型的现代服务业高端形态。

云计算是新一代信息技术产业的重要组成部分，是国家战略性新兴产业中的重点发展领域。云计算可有效推动中国信息基础设施建设，支撑中小企业信息化升级，并保障国家经济平稳较快发展，推动传统产业的改造升级，也是自主创新的重要突破口。中关村软件园集聚了云计算产业链关键环节的重要企业，成为北京市祥云工程基地和中关村云计算产业基地。园区内会聚了数十家云计算企业，

创新力场 中关村软件园的发展探索

面向国内外市场重在推动云计算的研发、软件开发和创新应用。

由中关村软件园和云基地共同打造的中关村云计算产业基地是北京云服务基地核心节点。基地的建立,务实推进了北京市云计算产业进一步发展,确立了北京中关村地区成为北京云计算事业发展中心、北京云时代的技术研发中心、北京云计算行业创造与创新中心、全国乃至全球云计算人才交流中心、中国云计算行业资本汇聚中心等"五个中心"的领导地位。

2012年8月16日,"北京中关村云计算产业基地"正式启动[①]

目前北京中关村云基地正遵循服务引领、自主创新、国际同步、产业链联动的原则,合理规划布局云应用、云产品和云服务;真正承担起了政府战略引导、专业公司运营、龙头企业带动、公共平台

[①] 2012年8月16日,北京"祥云工程"成果展示基地,汇聚北京云计算领先企业和产业资本,云思想、云资本、云孵化、云企业、云创造和云人才汇集基地,"北京中关村云计算产业基地"正式启动。

支撑、聚集产业链各个环节核心企业、健全起产业创新生态系统、完成新标准创制、新业态孵化、新领军企业培育的集聚功能。

紧跟互联网发展潮流落实"互联网+"行动计划，中关村软件园作为信息产业高地，也形成了专注移动互联网的产业集群，产品形态覆盖移动互联网的多个领域。

2012年10月25日，中关村软件园被中关村管委会、海淀区政府联合授予"中关村移动互联网产业基地"称号[①]

中关村软件园在移动互联网领域形成了如下特色：

其一，园区企业在移动搜索、移动安全及移动中间件等多个移动互联网技术领域拥有产业话语权。移动搜索方面，百度移动搜索在"更懂中文"基础上向"更懂用户"发展。通过对搜索技术的不断研发演进，给移动网民带来随时随地方便快捷的搜索体验。移动安全

---

① 为进一步发挥中关村国家自主创新示范区战略性新兴产业策源地作用，加快重点优势产业创新资源集聚，2012年10月25日上午，中关村移动互联网产业基地在永兴花园饭店举行揭牌仪式，同时项目入驻企业现场签约。本次活动由中关村管委会、海淀区政府联合主办。

方面，启明星辰、海泰方圆等企业令人瞩目，可以从源代码切入，对移动业务、移动应用进行深入检查，最大限度地搜寻存在的缺陷与漏洞，预先发现潜在威胁点，提前加固，保证移动安全。

其二，移动互联对人机交互、人工智能的要求越来越高，人机交互、人工智能成为移动互联的核心技术和竞争力所在。园区集聚了人机交互、人工智能领域的优秀企业，形成了技术先发优势。IBM在园区开放了超级计算机Watson平台，发布了模拟人脑芯片SyNAPSE，能够模仿人脑的运作模式；百度为人工智能前沿技术设立了北京深度学习实验室和北京大数据实验室，"百度大脑"项目融合了深度学习算法、数据建模、大规模GPU并行化平台等技术，实现了实时学习和成长；捷通华声延伸出语音识别（ASR）、语音合成（TTS）、图像识别（OCR）、手写识别（HWR）、自然语言理解（NLU）、机器翻译（MT）等六大创新技术，形成独特的"全智能"效应；普强信息技术（北京）有限公司以智能语音识别和语言处理技术产业化为主要发展方向，与美国卡内基梅隆大学、北京大学、清华大学、中科院等科研机构共建了联合实验室。

第三，随着园区移动互联集群的成熟，中关村软件园为园内移动互联网企业的发展提供了强有力的支撑服务，搭建了移动互联网公共服务平台："一池四平台"，即服务资源池、研发创新平台、产品应用服务平台、市场开拓平台、科技金融促进平台，进一步丰富和完善了园区公共服务体系，促进了智慧园区的建设，为移动互联网企业提供从基础设施、产品研发到成果推广的多方位支持和服务，有效提升了园区公共服务能力。

大数据方兴未艾，中关村软件园较早开始大数据的布局，有意识推动园区内的云计算基地、移动互联网产业与大数据融合发展。目前，园区大数据产业链雏形初现。在大数据基础能力方面，中科曙光公司为大数据提供了高性能计算机以及高容量存储产品支持；天云公司的产品为大数据的存取、容灾备份等提供了优秀解决方案；在大数据应用方面，园区大数据行业应用主要集中在金融、政府、交通、广电、建筑、石油、医疗、电力、电信等方面，软通动力、IBM、东软、汤森路透等公司均推出了面向行业的大数据解决方案；在大数据安全方面，启明星辰、海泰方圆等可为大数据时代企业的网络身份认证提供可靠技术保障。

随着百度、腾讯等互联网巨头的进入，它们作为掌握海量信息、数据的拥有者，将会围绕各自的优势领域为中心构建大量关联业务，中关村软件园未来完全可能成为"大数据巨头"的聚集区。

自主创新引领

在硅谷计算机博物馆的门口刻着一句意味深长的话："Today is so yesterday"。这句话简约但韵味深远，它可以翻译为："今天是如此深深地带着昨日的烙印"。不管是对于中关村软件园，对于园区的企业，都是如此。今天所做的，在很大程度上影响着将来的路径。今天支持产业、投入创新的力度，决定了将来的高度。

IBM前CEO郭仕纳（Louis V. Gerstner）认为，"信息技术产业最

创新力场 中关村软件园的发展探索

有趣的事情莫过于,每10年左右,你就有机会重新定义战场。"在竞争激烈、瞬息万变的信息产业,创新是一个企业立足、强大的根本。甚至,随着全球范围内的技术、资本、人才等创新要素资源在自由流动,世界的竞争版图在悄然发生变化,不再单独以经济实力来博弈,更趋向于以科技创新驱动能力为代表的综合实力的较量,这将是未来很长一段时间内主导世界格局体系的关键力量。

人才是创新的首要条件。数据显示,2014年中关村软件园本科以上学历员工占比89.2%。高学历人密集,高端人才密集。中关村软件园单位占地面积高端人才的人才密度为29.23人/平方公里,其中享有国家特殊津贴的人才密度为6.15人/平方公里,"千人计划"的人才密度为6.92人/平方公里,"青年千人计划"的人才密度为4.23人/平方公里。

创新与环境相关,园区的创新氛围和创新环境同样必不可缺。软件园公司一直致力于打造园区共生共融共赢的创新系统:包括以行业领军企业、跨国企业、大型央企为代表的行业引领;以园区内中小企业、大学及科研院所等为代表的创新源头;以国家级实验室、校企协同创新研究院、国际技术合作转移平台为代表的创新平台。正是在这样的基础之上,15年来,一批批自主创新的成果在园区涌现,新技术、新标准、新应用、新模式、新产品等层出不穷,产业积淀引发的创新聚变正在这里上演。2014年,园区企业研发经费投入增至137亿元,研发投入占销售收入的比例由2012年的8.83%,增长到2014年的9.72%。知识产权数量从2010年的2000多项增加至19095项,知识产权投入31亿元,收入42亿元。

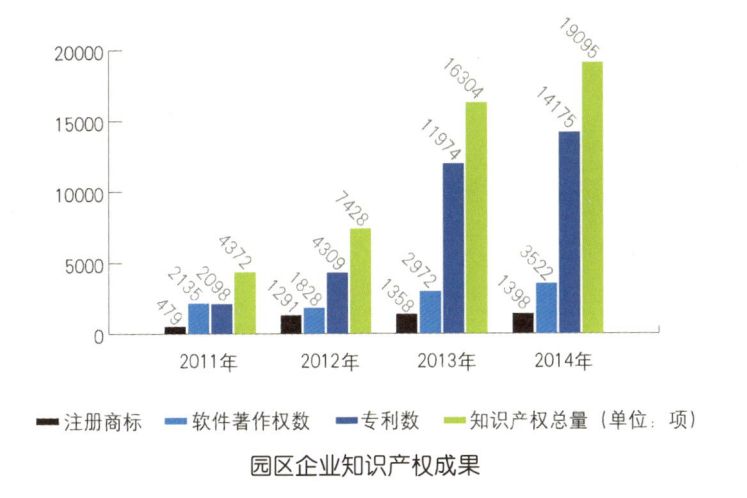

园区企业知识产权成果

数据来源：中关村软件园发展状况调查报告

年份	注册商标	软件著作权数	专利数	知识产权总量
2011年	479	2135	2098	4372
2012年	1291	1828	4309	7428
2013年	1358	2972	11974	16304
2014年	1398	3522	14175	19095

（单位：项）

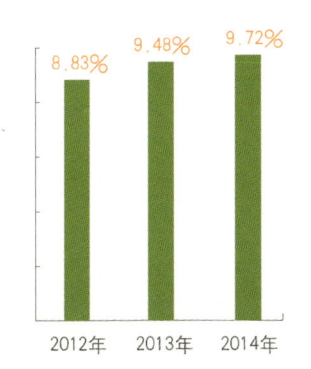

园区企业研发投入占园区总产值比率

2012年	2013年	2014年
8.83%	9.48%	9.72%

数据来源：中关村软件园发展状况调查报告

和协航电、中科曙光、信威集团、中科大洋等多家企业获得国家科技进步奖38项，其中国家科技进步奖特等奖1项，一等奖6项，科技成果转化305项。启明星辰的信息安全管理技术，捷通华声的指纹识别技术等一批新技术，广联达的土建算量软件产品，中

97

科大洋的非线性编辑软件产品，华力创通的北斗导航系列产品等一批新产品，信威集团的 McWiLL 技术，华胜天成、启明星辰等推出的一批技术标准，百度、中兴通、天仕博、跟谁学等互联网思维构建起的全新商业模式，不断在鼠标点击之间产生。

同时，中关村软件园园区企业积极参与国际标准的制定工作。2014 年园区企业中有 11 家企业参与了 23 个国家标准的制订，包括信威集团、北京科锐、中科曙光和软通动力等。信威集团继参予 SCDMA、TD-SCDMA 国际标准之后，其自主研发、并完全拥有知识产权的 McWiLL 技术标准被正式确认为国际电信联盟公共安全和救灾通信（PPDR）国际标准，成功进入全球民间组织 PPDR 通信设备采购项目。

绿色经济增长

绿色经济是以市场为导向、以传统产业经济为基础、以经济与环境的和谐共生为目的而发展起来的一种新的经济形式，是产业经济为适应人类环保与健康需要而产生并呈现出来的一种友好发展状态。园区是一个生命体，其自身的发展应适应当代的需求。绿色环保理念以及大力发展绿色经济是人类社会的共识。

按照首都新时期战略定位，北京需要发展高端、高效、微能耗、零污染、创新能力强、资源全球化配置、成果转化率高的产业落地集聚。以软件与信息服务业为代表的战略性新兴产业正是符合北京需求的典型产业之一，将成为北京新定位下的支柱产业，成为北京发展绿色 GDP 的生态脊梁。可以预计，通过"人脑＋电脑"的低碳组合，软件和信息服务业这个绿色"创新源"必将强势助力北京经济产业转型。

作为集聚软件和信息服务业这一绿色产业的园区，中关村软件园拥有建设绿色园区的天然条件。软件园多年来坚持专业化、低碳化运营。入园企业均是从事软件产业各环节研发企业，具有高端、高效、高辐射，微能耗、零污染的绿色低碳化特征。据科技部火炬中心2011年数据显示：2010年中关村软件园每万元GDP消耗0.0087吨标准煤，仅为北京市平均值1.5%，具有高端、高效、微能耗、零污染的绿色低碳化特征。

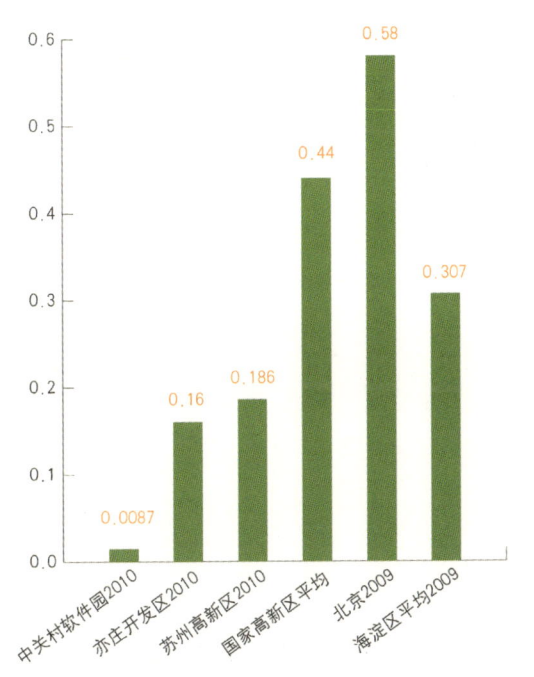

中关村软件园万元GDP能耗（标准煤吨数，与其他园区比较）

数据来源：科技部火炬中心高新区2011年统计报告

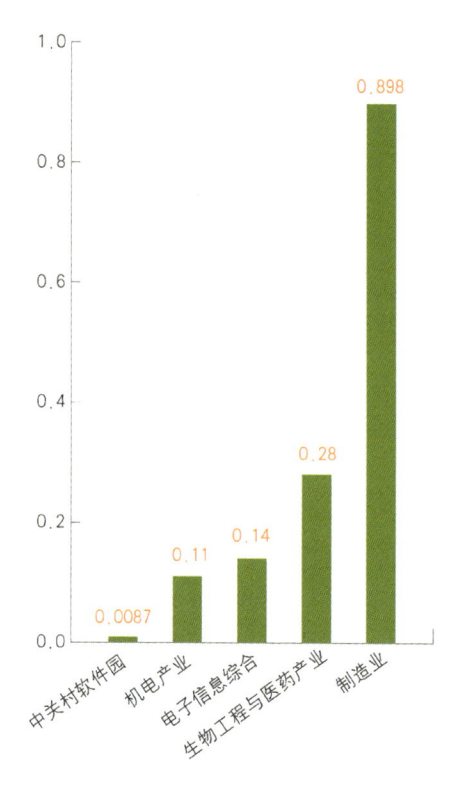

中关村软件园万元 GDP 能耗（标准煤吨数，与行业均值比较）

数据来源：科技部火炬中心高新区 2011 年统计报告

  中关村软件园始终坚持以产业规划为统领，指导开发建设全过程。致力于把蓝图变为现实，把规划变为成果。面对社会和产业新的发展趋势和方向，中关村软件园坚持绿色发展常态化，不断按照新的更高标准，与时俱进，持续提升自身管理能力。

  为了打造一个让软件人可以自由自在闪现创新风暴的绿色园区，中关村软件园建园伊始，便采用了"浮岛"式理念对园区进行总体规划，将园区环境与人融为一体。中关村软件园的规划灵感，来自于设计师从飞机上俯瞰芬兰，呈现出的一片湖泊与森林交融的场景。正是基于这样的创意，园区从规划开始，就充分体现了自然与现代、城市与田园风光的融合与统一，为软件研发群体创造了一个宁静、自然的研发空间环境。到目前为止，中关村软件园累计实现绿化面积37.3万平米，具有高品质的景观环境和人文气息，已成为国家和北京市绿色生态示范园区[①]。

15年规划和发展不动摇。中关村软件园根据园区自身特点和发展使命，提出了"绿色新常态、生态促发展"的指导思想，全面引入"生态绿色"概念，在原有园区规划和建设运营基础上，重点结合园区生态诊断现状和国家以及北京市特色科技园区发展趋势要求，提出生态提升整体规划方案，以"绿色空间"构筑"绿色城市"，以"低碳生活"打造"绿色社区"，并重点对绿色交通、低碳能源、固体废弃物利用、雨水利用、绿色建筑、低碳管理、生态展示等方面进行整体规划和生态专项工程实施，目标是在既有园区的基础上探索城市"生产、生活、生态"建设一体化道路，实现城市生活绿色化，达到人、建筑、城市与自然环境的高度融合，促使园区成为一个产业结构合理、富有活力、功能完善、资源利用高效、环境优美的国际级绿色生态科技园区。

---

① 2014年10月11日，由北京市规划委依据《北京市发展绿色建筑推动生态城市建设实施方案》评选出的2014年"北京市绿色生态示范区"揭晓，中关村软件园上榜，另外两家为未来科技城和雁栖湖生态发展示范区。此次示范区评选标准以北京实际地域情况为基础，充分体现了北京地方特色，由用地布局、水资源、交通、生态环境、能源、信息化、绿色建筑、创新引领等8类指标构成。

绿色园区须有标准。中关村软件园系统规划研究了园区生态提升策略和基于生态目标的分步实施策略，初步构建了由5个一级指标、14个二级路径等48个具体指标构成的生态园区指标体系，并于2014年10月荣获首批"北京市绿色生态示范区"称号，成为产城融合、绿色低碳、环境友好、和谐发展和机制创新的示范园区。

绿色低碳园区发展必须可持续。基于中关村软件园的基础和特点，经过调研诊断，园区计划从绿色交通、低碳能源、固体废弃物利用、雨洪利用、绿色建筑、低碳管理等方面进行规划提升，实现园区产业功能的活力提升、既有项目的技术提升和舒适健康的生态提升。

具体体现在绿色交通上，引入公交接驳系统、电动车通勤系统、慢行系统和智能停车系统；在低碳能源上，实施水源热泵系统优化、冰蓄冷技术改造，采用市政LED太阳能照明，太阳能车站/车棚；在固废利用上，实施垃圾分类和餐厨垃圾处理回用；在雨洪利用上，实施智能微灌滴灌、雨水收集回用、低冲击道路改造；在绿色建筑上，改造提升绿色办公和园区生态智能管理中心；在低碳管理上，实现智能安防管理平台、环境资源管理平台。

国际影响广泛

软件业是充满国际化基因的产业，其人才、技术、资本都需要并便于全球流动，创新资源全球化配置的理念，使得中国的软件行业较早就形成了走向世界、拥有全球话语权和主导权的思维。

中关村软件园主导的中芬、中以等合作，前文已经述及，这里只列出国际化方面的一些成绩。

2004年，中关村软件园由国家发改委、信息产业部和商务部联合授牌，成为国家软件出口基地。

2006年，引入印度IT龙头企业塔塔信息技术公司，塔塔信息技术（中国）科技有限公司入驻软件园。

2010年，促进中国、芬兰两国高科技企业金融投资、技术创新、项目开发等合作的"中芬金桥（北京）创新中心"落地中关村软件园。

2012年，"中关村驻芬兰联络处"、"中关村发展集团赫尔辛基创新合作中心"和"中关村软件园芬兰创新与技术转移合作中心"在芬兰赫尔辛基揭牌。

2013年，北京芬华创新中心正式落户中关村软件园，中关村软件园中芬全面科技合作框架体系基本形成。

2014年，"中关村驻芬兰联络处"加挂"中关村核心区驻芬兰联络处"牌匾。

2014年，中关村软件园与芬兰信息通信科技创新战略中心（Digile）正式签署了《研究、发展与创新战略合作谅解备忘录》，为今后中关村企业借助芬兰世界领先的研发资源，提高创新能力提供了合作平台。

2014年,"中以创新发展基金"成立,成功引入国际创新孵化模式。

2014年,印度科技部组织科学家代表团赴北京进行为期一周的科技考察活动,专程考察中关村软件园,翻开了中印软件合作新的一页。

设在园区的北京市服务外包企业协会每年组织园区的服务外包企业参加Gartner、Nasscom年会。同时,园区有多家企业已加入国际组织,积极争取领域话语权。如启明星辰加入CERT、FIRST(全球应急响应与安全小组论坛)、CSA、CSI(计算机安全协会)、ICSA、ICSA(国际计算机安全协会实验室)、CVE(国际安全组织),中国银联加入国际银行卡组织等。与中关村软件园合作的国际组织,成了园区企业与国际同行企业沟通合作的桥梁。

进入2015年,中关村软件园已与16个国家和地区的相关机构建立了业务联系,与10个国家科技园建立了友好园区关系,每年举办数十场各种形式的技术研讨会、商务洽谈会、品牌推广会,组织园区内外企业参加美国、欧洲、日本、印度以及国内有关展会,共同拓展国内外市场。

同时,中关村软件园公司帮助园区企业"走出去",积极在全球范围内整合产业资源。2014年,软件园出口规模已达13.84亿美元。目前,园内中国企业的海外分支机构数量超过200家,海外分支机构员工超过3000人,8家企业登陆纳斯达克、纽交所、港交所等国际资本市场,广联达、华胜天成、启明星辰、博彦科技、文思海辉等入园企业开展多起国际并购,以全球视野整合创新要素资源,园区已成为我国高科技产业发展国际合作与融合创新重要基地。

国际市场总收入(单位:亿元)

年份	2010年	2011年	2012年	2013年	2014年
国际市场总收入	50	61	68	71	85

2010～2014年园区国际市场总收入

数据来源:中关村软件园发展状况调查报告

区域辐射带动

国务院批复的《中关村国家自主创新示范区发展规划纲要》提出,要推进示范区内产学研用的协作创新,加强与全国其他区域的合作,促进我国创新能力整体提升,发挥中关村的辐射带动作用。因此,通过区域合作,实现辐射带动也是中关村软件园的重要使命之一。

截至2014年底,园区企业共有分支机构716家。在京津冀协同发展战略中发挥主要作用,中科曙光等公司在天津合作建立制造基地;软通动力、华力创通、华胜天成等公司在天津河北成立分公司,积极开展人才培训交流合作。

2012～2014年园区企业分支机构数量(单位:家)

数据来源:中关村软件园发展状况调查报告

园区建设本是一项重资产的业务,近年来,中关村软件园也开始探索以轻资产运营的模式,走出本地,向外阜发展。中关村软件园一直致力于引领、带动全国兄弟园区产业规模和创新能力的提升,把中关村成功的产业服务、产业促进,以及园区开发建设管理模式和经验辐射到其他城市,共同成长。中关村软件园通过建立分园、帮助其他园区进行产业规划咨询等工作,促进了区域产业经济的发展。

2014年2月18日,河北保定市与北京中关村管委会签订全面战略合作协议,共同建设"保定·中关村创新中心",中关村软件园为主要合作承接方，计划重点围绕电子信息、智慧城市、智慧能源、大数据和云计算等产业，逐步把"保定·中关村创新中心"打造成为中关村"飞地经济"示范园和引领保定战略新兴产业聚集发展的科技中心。发挥重要示范带动作用，助力地方软件与信息技术服务产业创新能力培育，实现高新技术集聚、科技人才集聚、产业资本集聚，推动地方软件和信息技术服务业跨越式发展，这就是中关村软件园发展广泛区域合作的价值所在。

2015年4月，保定·中关村创新中心揭牌仪式举行

为了贯彻落实国家创新驱动战略、京津冀一体化发展战略以及中关村1+6政策要求，中关村软件园公司于2014年11月21日组建北京中关村信息谷资产管理有限责任公司，借鉴中关村创新经营，探索将中关村软件园的模式和经验进行系统化、体系化和专业化的输出与共享。新公司依托中关村科技园区、中关村发展集团、中关村软件园等强大的资源后盾，以科技企业在区域创新中心落地为核

心，通过引进和培育技术平台、科技金融、科技人才、创新政策四项主要创新要素，实现创新示范效益和服务增值效益。初期的业务内容包括：品牌输出、产业咨询、产业集聚和运营服务。

信息谷资产管理公司成立后，开始运营中关村软件园"保定·中关村创新中心"。2015年4月28日保定项目正式启动运营，2015年5月28日首批11家入驻单位签约，签约面积达8941平方米，目前首批企业已入驻；此项目为中关村在国内设立的首个创新中心，将成为京津冀协同创新的重要示范点。最近，信息谷公司还正在与徐州软件园洽谈讨论并展开共建"黄淮创新中心"的筹备工作。

成为中国软件产业制高点

15年的辛苦耕耘和持续创新发展，中关村软件园不但成为了国内软件园区的排头兵，而且已成为中国软件产业的制高点。

北京既是政治中心、文化中心，也是我国的软件之都，其软件产值占全国软件总产值的15%左右。2014年第一季度，在北京市第三产业行业调查中，软件和信息服务业是仅次于金融业、批发零售业的第三大行业。从增加值的增长率角度看，北京软件和信息服务业更是以12.9%的高速增长占据第一位。随着动物园批发市场、新发地批发市场等一系列批发市场的迁移，批发和零售业的增速将减缓，软件和信息服务业的重要性将进一步突出。

年 份	2010年	2011年	2012年	2013年	2014年
北京市软件与信息服务业增加值（亿元）	1242.2	1492.6	1610.8	1749.6	2062.0
北京市年生产总值（亿元）	14113.6	16251.9	17879.4	19800.8	21330.8
占 比	8.80%	9.18%	9.00%	8.84%	9.67%

北京软件与信息服务业的年生产总值占比数值

数据来源：国家统计局、北京统计信息网

北京软件与信息服务业的年生产总值占比年度变化折线图

数据来源：国家统计局、北京统计信息网

从上图可以看出，在北京市近五年软件与信息服务业的发展中，其所在北京市年生产总值中的占比提升，从2010年的8.60%上升到了2014年的9.67%。北京市整体软件与信息服务业的总产值以及其所在北京市生产总值占比的上升，说明软件与信息服务产业正在逐步成为北京市的支柱型产业。随着北京市新的首都战略定位的确定，软件产业对于北京打造成为科技创新中心、文化中心和国际交往中心，推动北京实现高端化、服务化、融合化、低碳化发展将起到关键性的作用。

数据显示，在2012年和2013年，中关村软件与服务业年产值分别占了同期北京市软件与信息服务业总产值的76.73%和72.56%。

突出的数据彰显了中关村国家自主创新示范区在北京，乃至全国的行业领先地位，是我国软件与信息服务业名符其实的标杆。

中关村软件与信息服务业产值的北京占比数据	2012年	2013年
中关村国家自主创新示范区软件与信息服务业总产值（亿元）	2786.2	3054.8
北京市软件与信息业总产值（亿元）	3631	4210
占比	76.73%	72.56%
中关村软件园产值在中关村国家自主创新示范区的占比数据	2012年	2013年
中关村国家自主创新示范区软件与信息服务业产值（亿元）	2786.2	3054.8
中关村软件园产值（亿元）	1096	1213
占比	39.34%	39.71%

数据来源：中关村国家自主创新示范区十大行业主要经济指标、北京统计信息网、中关村软件园发展状况调查报告

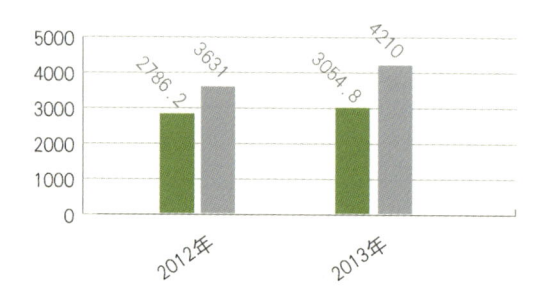

中关村软件园信息服务业产值的北京占比情况

数据来源：中关村国家自主创新示范区十大行业主要经济指标、中国软件和信息技术服务业发展研究报告

中关村软件园作为中关村国家自主创新示范区"一区十六园"[①]建设概念下的主要专业性园区，其每年软件与信息服务业对于中关村国家自主创新示范区的贡献显而易见。以上数据显示，中关村软件园在 2012 年和 2013 年，其在中关村国家自主创新示范区中的软件与信息服务业产值贡献率分别达到了 39.34% 和 39.71%。同时，中关村软件园对于北京市软件和信息服务业的贡献也是至关重要的。数据显示，中关村软件园在近三年对于北京发展软件和信息服务业的贡献值分别达到了 30.18%、28.81% 以及 25.79%。

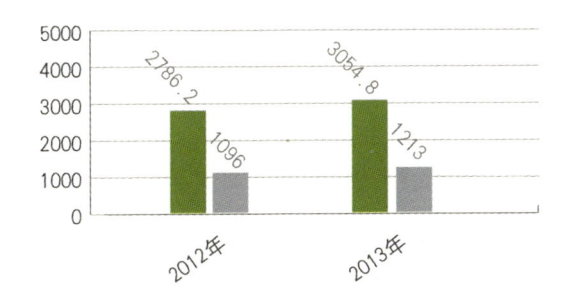

中关村软件园产值在中关村国家自主创新示范区的占比情况

数据来源：中关村国家自主创新示范区十大行业主要经济指标、中关村软件园发展状况调查报告

[①] 2012 年 10 月 13 日，《中关村国家自主创新示范区的空间和布局调整方案》获国务院批复，中关村科技园区由 "一区十园" 调整为 "一区十六园"。北京市 16 个区县都将拥有一个分园，分享中关村科技园在重大项目、政策先行先试、体制机制创新方面的政策红利。

无论是数据,还是影响力,无论是园区企业的发展趋势,还是对整个软件产业发展潮流的把握,中关村软件园发挥了中关村国家自主创新示范区重要成员的作用,"园区排头兵"可谓当之无愧,又因为其总部经济特色,及高端产业布局,中关村软件园无疑也占据了中国软件产业的制高点。

第五章

园区建设运营的关键着力点

园区建设，成功的关键是抓好"着力点"。中关村软件园采用"政府定位、企业运作"的建设运营模式，工作着力点就是通过三级联动，全力打造承接政府意志的市场化集成运行平台，将政策、产业集群、创新平台、科技金融、国际合作、产业服务融为一体，帮助园区企业成功实现创业和发展。

十五年发展成就卓著，中关村软件园已经具备国家所要求的"高端要素聚合区、创新创业集聚地、战略产业策源地"等鲜明特点，园区充满活力，发展前景良好。

中关村软件园公司在十五年的不断探索中，找准了园区建设运营的若干关键着力点。这些"着力点"有的是观念、理念，有的是园区建设运营的体制、机制，有的是基础设施建设与服务。有了这些着力点，坚持不懈地在"着力点"上发力，形成产业高地、真正成为国家级"双基地"的使命才能达成。这些"着力点"正是中关村软件园的核心竞争力之所在。

政府定位，企业运作

中国政府立足中国国情，提出创建软件专业园。这是具有中国特色的软件产业发展道路。创建软件专业园能有效促进创新资源集聚，是政府促进软件产业集群形成的重要抓手。目前，软件专业园（产业基地）已成为推动我国软件产业发展的重要载体和有效模式，最新发布的《中国软件园区发展白皮书》[①]显示，我国软件园区的产业聚集效应显著，聚集了超过75%的软件和信息服务行业，有效推进了我国软件产业发展。通过创建软件专业园，提供产业专业化服务，能在局部创造有利于创新要素集聚和互动的环境，有利于创新集群的形成。

全国大部分软件产业基地是由政府机构（一般是管委会）直接运营的，少部分则通过建立现代企业制度的公司运营，中关村软件园属于后者。

中关村软件园采用"政府定位、企业运作"的建设运营模式。即宏观上，政府根据城市经济社会发展的规划（产业规划、空间规划等）明确园区产业定位；微观上，中关村软件园公司作为相对独立的国企实体，在政府定位的指导下，能够切实将政府对园区的定位作为自己的使命，并据此制定企业自身的发展战略，将政府产业政策的导向功能与企业的市场运作能力有效结合，以现代企业制度

[①] 2015年1月，中国软件园区发展联盟年会在厦门软件园举行，会上发布了《中国软件园区发展白皮书》。

实施企业运作。

这一模式确保了实施过程的有效性和连续性。特别是，国企的使命感和责任感使其能很好地贯彻政府的方针和政策，并通过制定企业自身的发展战略，从项目的顶层设计来保证园区的产业定位和产业规划的全面落地。

十五年来，中关村软件园公司坚定地把政府的意志和定位变成了自己的战略和规划，坚持高端专业园区定位，完整地执行了空间规划与产业规划。各个时期软件园都没有降低门槛招揽门类各异的企业，而是坚定地贯彻政府战略意图，自从建立之初就坚持入驻园区的都是知名的高端信息服务企业，并且吸引了很多企业将自己的总部或者核心研发基地落户园区。这样的设置有利地保证了园区高端产业的聚集，使园区为促进区域经济发展发挥了更大的作用。通过企业的聚集，也让企业之间有了更多的交流和合作的机会，能够充分地发挥集聚效应，实现更好更快地发展。这一定位目前来看，符合北京市的首都新定位——科技创新中心，高端化、服务化，以及北京市高精尖的产业格局。

2009年3月中关村成为第一个国家自主创新示范区，中关村软件园确立了以中关村示范区发展目标为先导，以中关村软件园发展目标为支撑，坚持中关村示范区和中关村软件园同步发展的"双维"战略目标，制订了园区的战略规划。

"双维"目标正是中关村软件园公司的战略指针。所谓"双维"，是指承担政府意志的市场化集成运营平台。政府意志体现为"在软件与信息服务领域，集聚高端要素，推动产业发展，引领科技创新"。市场化集成运营平台的目标是用市场手段配置、整合产业资源及创新要素。由此，得出中关村软件园公司的战略定位，即"具有产业引领能力和创新驱动能力的科技园区服务商"。

在公司战略规划中，产业发展规划部分有突出的亮点，首次提出中关村软件园的定位是"软件与信息服务产业卓越的专业园区发展商"。战略规划要求园区的业务模式由"一主两辅"提升为"一基两翼"，实现稳健经营、持续发展。

"一主两辅"，是指以园区开发建设为主，载体经营和产业促进为辅。"一基两翼"，则是以园区开发建设为基础，载体经营和产业促进为引擎。表面上看，两种业务模式的差别细微，但仔细分析，"一基两翼"模式着重于载体经营和产业促进的增长趋势，这两项不再是辅助业务，而将成为公司发展腾飞的翅膀，也就是"升力"的来源。

中关村软件园公司作为企业，配合国家五年规划的核心要素，同步作出相应的五年规划。坚持五年规划是中关村软件园在政府定位、企业运作模式中非常重要的一环，因为规划向上衔接了政府政策层面的发展要求，向下指导了中关村软件园走准道路，高效发展。如此一来，中关村软件园就可以把政府的意志、政府的定位变成自己的战略以及规划，从而保持自身在发展中可以时刻保持活力和正确的方向。政府定位和基于定位的企业运作构成了中关村软件园可持续发展的最重要的基石。

系统规划从高端战略出发

信息技术产业，以及其中的软件产业，是常变常新的，一方面，技术水平在迅速进步；一方面，市场需求也不断演变。进入新世纪，软件行业呈现明显的互联网化特点，而且有"溶解"在网络基础设施、硬件设备中的趋势，它们的边界模糊了。在我国，信息化和工业化加速融合的需求又对软件产业提出了更多迫切任务。

软件产业瞬息万变，为软件企业服务的软件园也不能故步自封。所谓"谋定而后动"，对变化的有效适应，来自有效的、系统的规划。按照时任中关村发展集团总经理，现任中关村发展集团董事长许强"规划引领，做好顶层设计"的指导意见，软件园公司为软件园制订了"五位一体"的五项规划——空间规划、产业规划、生态规划、投资规划和运营规划，其中产业规划是重中之重。

中关村软件园在建设之初就按照政府定位，制定明确的产业规划，并以此为出发点制定园区的空间规划、投资规划及运营规划。通过规划的实施，从各个维度分解并落实到年度计划，以确保中关村软件园始终专注于软件和信息服务业这一专业发展方向，即使在企业经营和项目落地面临巨大压力的时期，依然能够坚持园区专业定位，没有做成大杂院。

在其产业规划中，高端战略是中关村软件园从一开始就始终坚持的：即坚持高端企业战略，吸纳高端软件企业，集聚高端软件产业；坚持国际化战略，大力开展国际化合作，以国际视野整合创新资源；坚持扶持战略性新兴产业战略，打造完整的"战新"产业生态链；坚持高端人才战略，集聚了一批园区科技领域的领军人，从而使得中关村软件园成为中国软件园区的优秀代表，成为新一代信息技术产业的高地。

园区规划也明确提出，中关村软件园将实现《中关村国家自主创新示范区域规划发展纲要（2011-2020）》中提出的在软件及信息服务领域形成拥有技术主导权和产业话语权的产业集群；成为战略性新兴产业策源地，大力培育云计算、移动互联网等新一代信息技术战略性新兴产业，持续引领产业的自主创新、高端聚集和国际化发展。

目前，中关村软件园在通信、电力、交通、石化、金融、国防等国民经济重要领域均有领军的软件开发企业，并已形成高端行业应用集群，云计算、移动互联、新型IT服务、大数据等"战新"产业集群。从入驻企业的形态上看，中关村软件园拥有较多的企业总部，以及全球或全国性的研发中心，总部经济和绿色产业发展特色鲜明。

园区发展三级联动

中关村软件园公司在园区发展过程中采用三级联动模式。三级联动，对中关村软件园而言，是实践中探索出的、有机联系的、可持续的、符合产业基地发展规律的模式，是一大创新。只有通过三级联动，才能完成"双维"目标，既推动产业发展，引领科技创新，又建成具有全球影响力的科技创新中心。

一级是指土地开发。在园区产业规划指导下，按照园区的产业定位进行园区总体的建筑规划和基础设施规划，再认真细致地实施规划，以保证满足企业对硬环境的要求。

二级主要是载体建设。这个阶段主要是确保园区产业规划落地，通过提供物理上的产业空间和产业载体实现企业集聚、产业要素集聚，并支撑产业生态环境。园区发展商、运营商持有一定比例的物业，有助于为园区内企业提供多样化、多层次的产业服务。

三级是指载体经营、产业服务、园区运营等内容。是园区服务商、运营商可持续发展的资金来源。这个阶段主要是软环境的建设。即在产业规划指导下，以企业的行为和方式实施园区的运营规划，通过产业服务体系的建立和运营形成产业生态环境；通过企业的经营不断完善产业生态，使产业规划与时俱进；通过园区管理实现园区开发企业与入园企业良性互动并实现可持续发展。同时，载体经营、产业服务、园区运营等业务也是软件园可持续发展的资金来源。

因此，作为特色产业基地，一二三级联动，相辅组成，互相促进，形成一个有机的整体。

一二三级联动的最好状态是什么？中关村软件园公司在长期的运营过程中发现，这个最好的状态就是一级的业务自身做到顺利开发，同时能够对二级或者三级形成支撑作用。也即是在有余力的情况下，一级开发过程中同时推进二级载体（产业载体和商业配套载体）的建设。二级载体会起到两方面的作用，首先载体是资产，在将来有经营收入时，能帮助企业实现可持续发展；其次，拥有产业的调控聚集能力，既能服务大企业，又能服务中小微企业。产业载体如此重要，所以一级土地开发进行中，如有资源条件，应尽可能进行项目的二级，尽可能多地积累自持载体。目前中关村软件园公司的自持物业，约占园区总建筑面积的15%。

一二三级联动模式的关键之处：要想实现三级的业务模式（增值服务产生的收入，获得投资收入等），需要有二级的资产和资源（指产业生态）；要想在二级积累足够的资产和资源，需要一级做好产业规划、空间规划和基础设施准备。

一级开发时，就要做好规划引领，并按阶段认真实施。

一二级联动达成了园区的企业聚集和产业集聚，一二三级联动迈向了创新聚集。创新聚集——创新的要素的整合，创新的思想和成果的聚集。

软件园公司目前已经较好的完成三级联动运营，这与公司对二级自建载体的规划分不开的。软件园一期时就有自建载体的布局，包括孵化器、信息中心、国际软件大厦、软件广场、孵化加速器；软件园二期自建载体有云计算示范创新中心、国际交流与技术转移中心、互联网与智能创新中心，这些载体都是根据我国产业发展趋势建设，与企业入驻需求都能够很好的匹配。自建载体建设过程中需要科学慎重的来选取新的开发项目，同时持有数量也需要测算好，一定要以财务能力允许为前提。

一二三级联动模式中，决定园区服务价值的正是三级。三级是对企业的服务，而具有创新推动功能的产业投资，是服务的一部分。产业投资在三级中的比重越大，三级的形态越高级。一二级联动，实现了园区从企业聚集到产业聚集,从而形成产业高地;加上三级,一二三级联动,为企业营造创新环境,进而实现创新聚集。一级二级的收入虽然丰厚,但投入也大,而且收入增长潜力有限,三级进入高级形态,往往呈现出指数级的增长。

打造产业生态环境

一二三级联动模式中,园区三级能力体现在企业服务的系统性上。前文所述,中关村软件园围绕产业生态环境建设,健全了服务体系。

整个服务体系涉及的要素:政策、产业集群、创新平台、科技金融、国际合作、产业服务,综合在一起,为园区企业(广义的)创业服务。

政策是创业的阳光。中关村软件园有产业政策、人才政策、创新政策、创业政策、国际化政策、科技政策、政采政策等多项事关创新创业的一揽子政策体系和框架,这里是国家、北京市、中关村、海淀区等创新创业政策密集覆盖、叠加区域,可尊享政策阳光的多重关注。中关村软件园的诉求,是让园内企业创业朝向有阳光的方向。

产业集群就是创业的荫泽。大树底下好乘凉。园区为初创小微企业、快速成长转型企业提供了良好的创业荫泽,几十家国内外知名龙头企业及行业领军企业为他们树立了创业榜样、提供了产业资源、对接了市场渠道、诚邀了合作伙伴、构建了人才宝库,一批批初创小微企业、快速成长转型企业均可共享、共创和共赢。中关村软件园与 IBM 携手举办全球企业家成长训练营（Smartcamp 计划）帮助中小企业与巨人同行；中关村云基地落地园区，一批中小微云系企业得到集群化发展；携手百度公司建设网络营销大学，推动培育一批中小微企业实现新技术革命下的互联网营销与发展。

创新平台就是创业的氧气。失去创新，创业就要窒息、停步。创业需要敢为人先、宽容失败的创业文化，更需要放眼国际、融合创新的创业视野，还需要融合互通、协同创新的创业系统。中关村软件园长期以来一直致力于打造这样一个创新系统，它包括以行业领军企业、跨国企业、大型央企为代表的行业应用，以园区内中小企业、大学及科研院所等为代表的创新源头，以对外交流、技术沙龙、实训基地、软件园大讲堂为代表的创新平台。

科技金融是创业的雨露。科技的发展离不开金融资本的大力支持，科技金融就是创业的雨露，是促进科技进步和科技成果转化、提升产业活力的必要条件。一方面，中关村软件园有着 200 多家大中小微企业，它们处于初创、孵化、加速、成熟等不同发展阶段，有着对天使资金、创投资本、产业基金、战略投资、上市 IPO 等多样性融资需求；另一方面，政府继续加强政策性资金支持力度，银行不断推出中小企业贷款产品，国内外知名的 PE/VC 机构活跃在园区周围，名目繁多的基金争相涌现，各种融资中介机构穿针引线，高科技企业引来上市的"井喷潮"。因而，中关村软件园建立了科技金融超市平台，以实现促成融资供需双方的对接、成交的功能。同时，中关村软件园作为惟一的"中关村信用示范基地"，于 2012 年率先启动"信用园区"建设系列工作，将园区作为国家信用体系建设的重要载体,构建信用体系建设的中间层,以信用园区建设探索国家信用体系建设新模式。园区通过推广信用知识、建立信用档案、推行信用贷款、启动信用托管工程、制定信用园区指标评价体系等举措,初步构建了特色的信用服务体系。截至2015年上半年,中关村软件园已有94家企业使用信用评价报告、109家企业建立信用档案、38家企业进行了信用托管,获得总额逾3.87亿元的融资。目前,中关村软件园正在打造汇聚创业金融和创业团队的"创融e家",通过软件园服务平台,汇聚社会资本力量,推动创新创业要素充分整合。

国际合作拓展创业的空间。扩大视野,广泛利用市场、技术、人才、资本等全球创新创业要素资源,深化合作,加快发展是园区实施全球创新融合战略的首要关键路径。

产业服务就是创业的园丁。选种、育苗、助长,每一个阶段都有园区的支持和服务,每一细节都成功给予成长所需的全产业要素。中关村软件园作为卓越的高科技专业园区发展商,紧密围绕企业从成立、孵化、加速到成熟的不同发展阶段和需求特点,积极围绕产业链打造创新链,围绕创新链布局资金链,构建了专业化、特色化、国际化、品牌化和创新性的产业生态服务体系。

该体系包括从产业研究到创业孵化、品牌拓展、人才培养与定制、科技金融、国际合作与技术转移、知识产权保护、信用建设、上市公司沙龙、产业基金等一系列产业促进服务,以及从基础通信服务到云平台服务和数字化、智慧型服务的多层次技术支撑服务,再到产城融合、绿色低碳、环境友好、和谐发展和机制创新的生态示范园区三大方面,合力推动园区产业发展和企业做强做大,其服务层次、服务规模、服务质量、服务口碑在全国处于领先地位。

可以说，中关村软件园作为卓越的高科技专业园区发展商，根据企业不同阶段的需求特点，整合各类资源，搭建起对接平台，涵养出了适合企业创新创业的生态体系。

创新园区运营模式

科技园区的建设不仅是房地产开发，更是产业创新平台和资源整合平台的搭建。与传统物业管理相比，科技园区公共物业管理服务以公共资产的保值增值和营造优美和谐环境为出发点，对管理水平提出了很高的要求，包括标准化、规范性、透明度、可持续性等。中关村软件园通过一系列创新手段来实现对园区的运营管理。

业委会和"基本法"

中关村软件园建设由园区开发商统一进行一级土地开发，并负责园区市政工程、园林绿化景观等公共基础设施的建设，将生地变为熟地后再由购地企业按控规要求进行自有地块开发建设工作。

为了满足绿色、生态园区管理维护的需要，满足公共安全管理的需要，满足园区人文环境建设、加强沟通交流的需要，满足公共资产管理的需要，满足园区公共秩序维护的需要，也是为了满足减轻开发商公共物业管理费支出的需要，2005年1月，园区召开一期全体业主成立园区业主大会，并选举产生业主委员会（以下简称"业委会"）作为业主大会的执行机构。业委会由五家业主单位组成，由业主大会选举产生，任期三年。各委员单位委派一名代表（兼职）具体参加业委会工作。

2005年，软件园一期业委会由业主大会选举产生

二期企业批量入驻后，也于2014年召开业主大会，成立了二期业委会。

2014年，软件园二期业委会由业主大会选举产生

园区公共管理的决策执行和监督约束机制是通过园区制度框架的制定和执行实现的。在制度设计上，园区一期和二期业主大会分

别通过了《中关村软件园业主管理公约》和《中关村软件园业主大会议事规则》（两个"基本法"），成为园区公共管理制度框架的基础，奠定了园区业主广泛参与、民主决策、依法依约管理的公共管理模式。两个"基本法"规定，由物业管理区域内的全体业主组成业主大会，是园区公共管理的最高权力机构。业主大会会议分为定期会议和临时会议。定期会议每年至少举行一次，由业委会负责召集。业委会作为业主大会的常设机构，由业主大会选举产生，根据业主大会授权，负责园区公共事务的日常管理。业委会的工作由执行秘书、监督委员、资产管理委员、安全委员和文体委员分头负责。

业主大会
└─ 业主委员会
   ├─ 执行秘书 ─ 办公室
   ├─ 监督委员 ─ 第三方审计、第三方评估
   ├─ 资产管理委员 ─ 大中修资金池、大中修管理流程、大中修管理办法
   ├─ 安全委员 ─ 安全管理办法、安全工作联席会、安防监控网、园区警务站
   └─ 文体委员 ─ 乒乓球联盟、羽毛球联盟、登山联盟、综艺联盟、篮球联盟、桥牌联盟

业主委员会的工作内容

根据园区管理的需要，目前业委会每月召开一次工作例会，完成业主大会部署的工作，研究和解决园区管理中的日常问题。业委会会议议题的产生、会议程序、决议的形成、业委会成员的组成与分工、委员的任职资格等，由《议事规则》做出明确规定。在两个

"基本法"的制度框架内,由业委会通过公开招标聘请专业物业管理公司对园区内秩序、水体、绿化、公共停车、市政设施、道路、景观及共用设备设施等实行统一的管理,全体业主按各自业权面积行使表决权并分摊物业管理费用。通过这一创新的管理模式,增加了业主民主参与和民主自治的路径,建立了园区运营管理的长效机制。

中关村软件园在园区开发建设中,通过改变管理战略、拓宽管理思路、遵循市场机制、明晰公共产权、制定管理规约、成立自治组织、实行业主共管、合理分摊费用、引入评估机制等,积极创新园区公共物业管理模式,开创了科技园区公共物业管理服务之先河,为北京地区乃至全国科技园区物业管理模式之首创。

党群工作平台

为增强科技园区党建工作,提升非公有制企业党建水平,发挥非公有制企业党组织在职工群众中的政治核心作用和在企业发展中的政治引领作用,2013年6月,海淀区委海淀园工委批准成立中关村软件园党建管理孵化平台。

中关村软件园党建管理孵化平台作为园区推进服务创新、推动企业发展的新举措、新突破、新平台,在海淀园工委的领导下,紧密联系园区和企业实际,积极创新服务理念、创新服务载体、创新活动方式,不断加强党组织的基础建设,以园区党群工作一体化为目标,努力构建园区"大党建"工作格局,凝聚园区IT员工正能量,为新形势下专业化科技园区建设和发展提供了有力的支撑和保障。

与此同时,中关村软件园工会服务站于2014年7月落户于中关村软件园,隶属于中关村科技园区海淀园工会工委,是海淀园工会工委提高工会影响力、渗透力的新举措,实现了党、工、团、青、妇的"五站合一",成功打造党群工作平台。

  工会服务站直接联系并服务于中关村软件园的广大企业。软件园工会联合会和园区企业职工,是工会服务职能的拓展和延伸。软件园工会服务站在严格按照市、区各级工会要求开展规范化建设的同时,与园区管理层座谈、沟通,介绍服务站的职责和工作规划,听取对服务站的需求和建议。工会服务站为园区企业和职工提供组建工会、来访接待、政策咨询、法律援助、京卡服务、教育培训、文体活动、先进评比、互助保障等全方位的服务,与软件园的发展紧密相结合,以需求为导向,以服务职工为抓手,以创建和谐园区为目标,充分发挥工会组织的桥梁和纽带作用,利用社会资源组织开展各项活动,不断满足广大职工多样化的需求,立足本地化,助力软件园区的蓬勃发展。

园区公共服务与展示中心

第六章 扩展波特"钻石模型"

中关村软件园的成功是否可以延伸与扩展？中关村软件园的模式和经验是否可以复制和推广？如何从理论的角度来分析中关村软件园公司15年的创新探索？研究发现，中关村软件园成功背后的要素和机理，正好与世界著名经济学家迈克尔·波特的"钻石模型"相契合。中关村软件园和软件园公司构成的"双钻模型"，扩展和丰富了波特的理论。

在全球市场上具有竞争优势的产业，往往具有明显的区域特征。而发展科技园区则能够有效地创造聚集力，通过共享资源、克服外部负效应，带动关联产业的发展，从而有效地推动产业集群的形成。由此，科技园区的定义是指为促进科技进步和产业发展为目标而创立的特殊区位环境，是区域经济发展、产业调整升级的重要空间聚集形式，担负着聚集创新资源、培育新兴产业等一系列的重要使命。园区作为产业集群的重要载体，可以推动产业集群的发展，形成产业园区和产业集群的良性互动，是区域经济增长的重要途径，也是区域经济发展的成功模式。

前文第四章和第五章简要总结了中关村软件园的主要特色和发展成绩，并初步梳理出一些经验或模式。为了更深入地挖掘软件园成功背后的要素和机理，还需要将软件园成功的要素结构化，进行理论分析，找到它们的有机联系。

美国哈佛商学院著名的战略管理学家迈克尔·波特提出的"钻石模型"[①]，又称钻石理论、菱形理论，可作为重要参照。中关村软件园是中关村国家自主创新示范区中的新一代信息技术产业高端专业化科技园区，也是国家软件产业基地。无论从基于产业经济学领域的产业集群理论，还是基于区域经济学领域的区位竞争力优势理论来分析中关村软件园，波特的"钻石模型"都是适用的。而且，中关村软件园和软件园公司之间，形成了"钻石映射"，即要素的对应关系。深入研究，却可发现，构成软件园区竞争力以及软件园公司发展模式的，是一个"双钻石模型"。

1990年，迈克尔·波特出版的《国家竞争优势》一书中，把产业集群理论推向了新的高峰，他从组织变革、价值链、经济效率和柔性方面所创造的竞争优势角度重新审视产业集群形成的机理和价值。他提出的产业集群理论是结合有关国家竞争优势的研究而展开的。他认为评价一个国家竞争力的关键，在于该国能否有效的形成竞争性环境和创新。书中的醒目之处就提出了国家竞争优势的"钻石模型"，模型显现国内竞争压力和地理集中使得整个钻石构架成为一个系统，在这个动态系统中只有每一个要素都积极参与，才能创造出企业发展的环

---

① "钻石模型"是由美国哈佛商学院著名的战略管理学家迈克尔·波特提出的，是分析国家和地区核心竞争力的宏观分析工具。因其六个因素画在图上像一块钻石，所以称之为"钻石模型"。

境。地理集中形成的竞争压力可以提高国内其他竞争者的创新能力，但更为重要的是地理集中而形成的产业集群将使生产要素、需求条件、支持产业、企业战略等四个基本要素整合成一个整体，从而更容易相互作用和协调提高，形成产业国家竞争优势。

在众多产业经济学和区域经济学理论中，"钻石模型"以其清晰的框架和互动关系见长，是学术界分析区域经济发展和产业集群理论中最常用的框架，用于分析一个区域某种产业如何形成整体优势，从而具有较强竞争力。

波特通过研究发现，一个国家或一个区域内有聚集效应的企业在同样业务中会做得更好，如德国的化学工业、瑞士的制药业、美国的半导体业等。他在《国家竞争优势》一书中还论述了产业集群竞争力的关键要素，在此基础上提出了国家竞争优势的"钻石模型"。"钻石模型"指出了一个国家或一个区域的某种产业竞争力主要与四个基本因素（生产要素；需求条件；相关及支持产业；企业战略、结构和同业竞争）和两个附加要素（机会和政府）有关。

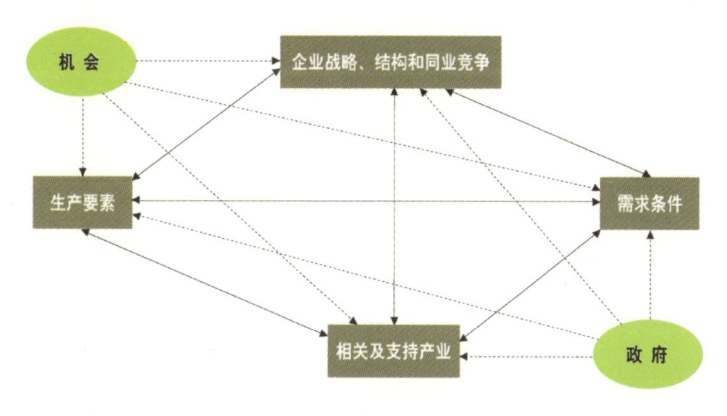

波特竞争力理论的"钻石模型"图

中关村软件园公司是软件园的发展和建设主体,软件园的发展离不开软件园公司。软件园公司的发展和软件园区的发展动态同步,互相支撑,互相促进。因此,分析软件园的发展模式,必然要分析软件园公司的发展模式。现代经济学理论认为,企业本质上是"一种资源配置的机制",以盈利为目的,运用各种生产要素(土地、劳动力、资本、技术和企业家才能等),向市场提供商品或服务。中关村软件园即可看作是软件园公司的产品,也是它所提供的服务,而企业的盈利能更有效和有力地服务于建设产业基地的目标。在这个意义上,中关村软件园公司在运营目的上、资源配置的种类上,提供的商品和服务的样式上均不同于一般意义的企业。

以建设产业基地为视角,参照波特"钻石模型"的作用机制,考察中关村软件园公司及其发展模式,可观察到园区发展机遇、股东资源、公司定位、企业文化、业务结构和政府支持等六大要素。这样,软件园公司及其发展模式的六大要素以及园区发展模式的六大要素("钻石模型")可共同构成,或扩展成中关村软件园双钻石模型。

下面,我们分别对软件园区的发展模式以及软件园公司的发展模式进行解析。首先来分析影响软件园发展的六要素。

生产要素

生产要素包括人力资源、天然资源、知识资源、资本资源、基础设施。波特将生产要素划分为初级生产要素和高级生产要素。初级生产要素是指天然资源、气候、地理位置、非技术工人、资金等;高级生产要素则是指现代通讯、信息、交通等基础设施,受过高等教育的人力、研究机构等。波特认为，初级生产要素重要性越来越低，高级生产要素对获得竞争优势具有不容置疑的重要性。高级生产要素需要先在人力和资本上大量和持续地投资，而作为培养高级生产要素的研究所和教育计划，本身就需要高级的人才。高等级生产要素很难从外部获得，必须自己来投资创造。

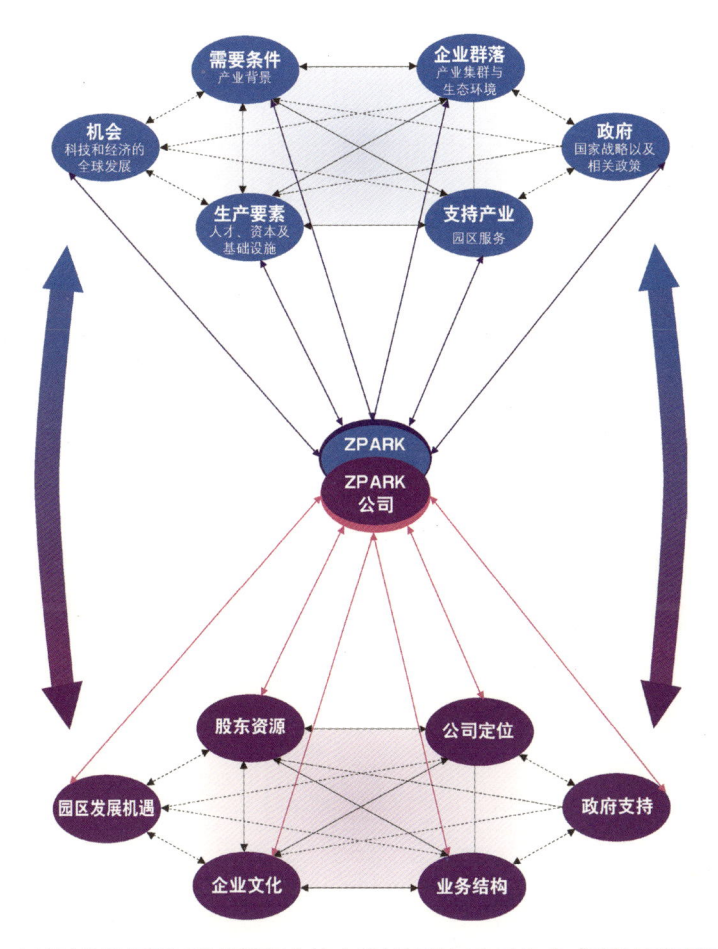

中关村软件园和其建设运营主体中关村软件园公司构成"双钻石模型"

对于软件园来说,其生产要素是指人才、资本成本、基础设施等要素。

高端人才是中关村软件园的一大优势。第四章已经列出中关村软件园的主要人才数据:2014年,软件园单位占地面积高端人才的人才密度为29.23人/平方公里,其中享有国家特殊津贴的人才密度为6.15人/平方公里,"千人计划"的人才密度为6.92人/平方公里,"青年千人计划"的人才密度为4.23人/平方公里。

从学历结构观察,至2014年底,软件园本科以上学历员工占比为89.2%,其中,本科、硕士、博士学历人员的占比分别是66.70%、18.00%、4.50%,其中外籍人士3124人。而据北京中关村人力资源状况调查的结果,同期整个中关村地区IT行业本科、硕士、博士学历人员的占比分别是72.80%、11.50%、0.7%。相比之下,软件园在人才结构上明显优于整个科技园区

资本集聚是中关村软件园的另一个优势。联想、新浪等公司全球总部,IBM、微软、甲骨文的亚太或中国研究中心相继入驻软件园,启明星辰、广联达等一批全国各细分市场领军企业上市前的融资规模都颇为可观,中关村软件园的孵化器里聚集一批被投资界视为希望之星的创业企业,每月、每周、每天都有众多投资人穿梭在软件园的楼群当中,洽谈联络着下一个投资对象。截至2014年底,驻园企业中有30多家境内外上市企业。2014年,园区的31家上市公司涉及的投资案例超70件,已披露部分的投资总额863亿元,2014年底总市值超2万亿元。

除人才、资本两大要素外，地理位置和社会环境配套也与软件园的快速发展有关。紧邻上地信息产业基地，中关村软件园既有相对独立成一个安静小区域的优势，也能有效、方便地利用邻近的公共资源。基础设施的形态、质量、使用等都影响到软件园发展，软件园建设过程中，地铁、公交、电信接入、住宅、酒店、商超、餐饮服务发展迅速，目前这里是配套服务较为发达和方便的地区。

需求条件

波特模型中的需求条件主要是本地或本国市场的需求。波特认为本国市场的需求会刺激企业的持续改进和不断创新，对企业形成规模经济有着重要的影响。市场需求是产业冲刺的动力。

随着我国国内经济形势的发展，社会对软件和信息服务业的需求逐步增加。软件产业与国民经济和社会的发展息息相关，是一个可以长期稳定在20%～30%增速的成长型行业。软件行业的独特性在于，用户对软件的需求是随时间变化的，软件的迭代升级，会带来大量对产品和服务的购买。

全国公共信息基础设施建设升级、政府信息化建设以及企业信息化建设等都对软件产业有极大的需求，从而推动了软件产业的发展。中国互联网络信息中心的报告显示，截止2012年底，我国中小企业互联网办公的比例为78.5%，与发达国家高达95%的中小企业互联网办公比例而言，还有一定差距，说明市场仍有很大潜力。金融、电力等细分领域，近几年也加大了对信息化建设的投资。各大银行都推出了大量电子化产品，以完善网上银行、手机银行业务，这对于银行内部网络系统和数据处理设施提出更高的要求。同时，在移动互联网、云计算、大数据等新一轮信息技术革命的驱动下，软件产业不断创新。国家大力推动信息消费的政策，也对软件产业提出了新的任务。软件产业不再处于从属地位，成为信息产业的核心，软件定义世界的时代已经开启。

工信部统计的软件产业包括软件和信息技术服务业两个子行业。据统计，2014年我国软件和信息技术服务业企业3.8万家，软件和信息技术服务业实现收入3.7万亿元。从工信部披露的数据可以看到，我国软件和信息技术服务业收入增长情况整体较为稳定，其月度累计收入增速在绝大部分时间内都保持在20%~30%的相对稳定区间，软件产业占电子信息产业比重持续提高。由此可见，我国软件业市场巨大，需求增长迅速。广大的软件市场为软件园的发展提供了规模经济的良机。

支持产业

对形成区域竞争优势而言，相关和支持性产业与优势产业是一种休戚与共的关系。就软件园而言，相关及支持产业相当于为园区提供了良好的支撑环境，园区内龙头企业及大型企业的研发中心为价值链高端，中小软件企业、软件外包企业为价值链中段，园区外围的服务机构为末端，下与国内各大学大量的计算机相关专业毕业生供应相接，上与企业信息化带动产业升级、驱动企业管理升级、促进政府服务升级等共生，组成完整价值链，彼此依存度高，形成了上下游紧密连接的产业集群。这个集群集合了供应商的高、中端于园区之内，紧密联系了园区外围的服务机构及各地高校，组成了可靠而成熟的价值链。

另一方面，软件园通过完善园区服务为入园企业提供支撑环境，逐步建立了完整的园区服务体系，包括技术支撑服务、产业促进服务、综合服务体系。

其中产业促进服务体系包括从产业研究到创业孵化、品牌拓展、人才培养与定制、科技金融、国际合作与技术转移、知识产权保护、信用建设、上市公司沙龙、产业基金等一系列产业促进服务，以及从基础通信服务到云平台服务和数字化、智慧型服务的多层次技术支撑服务，再到产城融合、绿色低碳、环境友好、和谐发展和机制创新的生态示范园区三大方面。

除了产业促进服务，园区还有商业配套服务体系，为入园企业提供了办公和生活的便利。为了更好地服务于入园企业，实现服务的可持续性，园区公共服务体系的投入依赖于软件园公司自身的经营，部分公共服务的商业化。这种结合，也保障了服务效率的提升。

企业群落

波特指出，推进企业走向国际化竞争的动力很重要。这种动力可能来自国际需求的拉力，也可能来自本地竞争者的压力或市场的推力。软件园的发展影响着园区内企业外延拓展和企业行为的变化，园区内部的企业发展与单个企业独自发展的方式截然不同。园区内企业的合作和竞争都很充分，地理上相互临近，让企业彼此感到学习的压力，促使企业改进、创新、成长。所谓学习并不是指正式的研究与开发活动，而是园区内的创新网络为园区内企业之间相互学习创造了条件，企业可以通过非正式的交流进行学习，使技术、信息在园区内快速流动，有利于企业间技术创新与扩散。企业间的这种互动创新形成了园区内持续的创新能力，使园区内企业具备了快速应对外部变化的能力，从而提升了企业发展水平。

中关村软件园公司以满足企业需求为己任，为适应不同阶段成熟度的企业，充分利用自身特点，整合多方面资源，打造企业适宜发展的产业生态体系，为园区企业服务，为园区产业发展服务，为北京的软件产业服务，也是对国家创新战略的实践和支持。其产业生态包括政策引导、产业集群、创新平台、产业服务、科技金融、国际化等重要要素。这些要素是产业生态体系不可或缺的组成部分。

正如前文所述，中关村软件园公司的成功，就是发挥政府和入园企业对接的桥梁和纽带作用，积极贯彻国际化、创新、人才、创业、科技、产业、政采等政策，帮助入园企业进行政府项目申报并为政府投资建设公共服务平台。

就产业集群来说，中关村软件园公司充分利用园区区域特征、基础设施以及政府对产业、对园区的优惠政策，为大企业营造了激励创新的竞争环境，同时在园区内大企业是快速成长中的企业以及小微企业的创业榜样，为这些企业提供了有利的产业资源以及市场渠道，建立了良好的创新创业环境,已形成云计算、移动互联、新型IT服务、大数据四大产业集群。

中关村软件园公司整合企业研发中心、园区企业孵化器以及新型产业促进组织共同搭建了软件园的创新系统,该系统可以为科技项目转化、企业间技术交流等提供平台,使企业减少初始资本投入、降低成长风险,为企业发展充电。

科技企业和其他企业不同,它们的金融需求有独特性。中关村软件园从科技企业对金融的需求出发,成立了科技金融超市,为不同阶段的科技企业通过多样、便捷、安全的服务,为它们提供融资方案和咨询服务。此外,软件园公司还开展了融企对接、上市公司沙龙、产业基金等服务,为入园企业带来了发展的动力和资金;中关村软件园公司通过国际市场拓展为入园企业提供了更广泛的发展空间,为入园企业带来了创新要素、高端人才、海外资本、新的产业格局以及更为广阔的的海外市场机遇。

机会

波特认为,机会是无法控制的,但可以发现、预测并利用,可以影响四大要素发生变化。波特指出,对企业发展而言,形成机会的可能情况大致有几种:基础科技的发明创造;传统技术出现断层;外因导致生产成本突然提高(如石油危机);金融市场或汇率的重大变化;市场需求的剧增;政府的重大决策调整;战争等。

进入21世纪,以互联网普遍应用为标志,世界迎来第四次技术革命浪潮。全球开启新一轮的技术革命和产业变革，人类进入创新密集时代，主要国家纷纷出台一系列创新战略和行动计划，加大科技创新投入。这一变革为我国带来机遇和挑战。在这一背景下，我国公布了"互联网+"行动、"中国制造2025"等重大国家战略。这些重大国家战略和行动计划的推动实施，为软件产业带来了历史性的发展机遇，软件产业将有更大的上涨空间与动力，有望迎来新一轮的市场扩容。国家的创新驱动发展战略，不仅为软件业带来提速的重要机遇，而且从创新机制方面，为软件产业注入新的活力。在"软件春天"的气候里，产业规模将持续增长。在经济持续走低放缓的2014年，我国软件产业依然实现业务收入3.7万亿元，比上年增长20.2%，这就是例证。

考虑中关村软件园的独特位置及来自北京市和中关村的机会，中关村软件园的发展前景可以预期。国家主席习近平2014年2月在对北京进行了两天的调研后，明确了首都发展的新定位，就是要坚持和强化北京作为全国政治中心、文化中心、国际交往中心、科技创新中心的核心功能，把北京建设成为国际一流的和谐宜居之都。而在2009年3月，国务院明确中关村科技园区的新定位是国家自主创新示范区，目标是成为具有全球影响力的科技创新中心。两个"科技创新中心"范围不同，一个指北京市，一个指中关村科技园区。这些使命，都需要中关村软件园这样的产业聚集平台来承载，中关村软件园，也必将由此获得更大的发展空间。

2013年9月，中共中央政治局在中关村以实施创新驱动发展战略为题举行集体学习

政府

政府政策的影响至关重要，在中国尤其如此。波特指出，政府能提供企业所需要的资源，创造产业发展的环境。政府扮演好自己的角色，就能成为扩大钻石体系的力量。政府可以创造新的机会，政府直接投入的应该是企业无法拓展的领域，也就是外部成本，如发展基础设施、开放资本渠道、培养信息整合能力等。

正如前文所述，多年来，中关村软件园采用"政府定位，企业运作"的建设运营模式。中关村软件园公司是落实政府定位的主要执行者，时刻将政府对园区的产业定位作为自己的使命。正是因为创造性地执行政府的决策，保障了中关村软件园建设目标与政府目标的高度一致。

15年来，中关村软件园获得了来自国家部委、北京市和中关村的多项授牌。部分授牌明细如下——

来自国家部委

2001年，国家软件产业基地（国家发改委/信息产业部）

2004年，国家软件出口基地（国家发改委/信息产业部/商务部）

2011年，国家火炬计划软件产业基地（科技部）

2011年，国际科技合作基地（科技部）

2011年，北京国家现代服务业软件产业基地（科技部）

2011年，国家级工程实践教育中心（教育部）

2014年，国家软件与集成电路人才国际培训基地（国家外专局）

2014年，首批智慧园区试点单位（工业和信息化部）

2014年，创新人才培养示范基地（科技部）

2015年，国家电子商务示范基地（商务部）

来自北京市

2006年，北京市文化创意产业集聚区

2011年，北京祥云工程（中关村）基地

2012年，战略性新兴产业科技成果转化基地

2013年，中关村国家自主创新示范区标准创新试点园区

2013年，互联网金融产业基地

2014年，首批北京市绿色生态示范区

来自中关村

2011年，中关村云计算产业基地

2012年，中关村移动互联网产业基地

2013年，中关村信用示范基地

从政策环境看，早在上世纪90年代，国家明确把信息产业作为国民经济的支柱产业进行培育，要求推动产业集聚并采取特殊政策支持软件产业快速发展。2011年国务院发布了《关于印发进一步鼓励软件产业和集成电路产业发展若干政策的通知》[1]，2013年国务院印发了《关于促进信息消费扩大内需的若干意见》[2]，再次强调了软件产业的重要作用，扶持软件产业、促进软件产业的政策举措进一步完善。

钻石模型是一个动态开放式体系，在变化的环境中，钻石模型的各要素之间存在着高度相关的互动关系，彼此呈正相关的关系。其中任何一个要素的变化，都会带动其它要素发生变化。同时，各个要素的互动与强化，使得一个国家或一个区域的产业的竞争力得以逐步形成。

---

[1] 2011年1月28日，国务院发布了《关于印发进一步鼓励软件产业和集成电路产业发展若干政策的通知》（国发〔2011〕4号），延续了"国发18号文"的大部分政策，并从多个方面加强了优惠政策力度。

[2] 2013年8月8日，国务院印发《关于促进信息消费扩大内需的若干意见》（国发〔2013〕32号），以释放信息消费潜能、催生新的经济增长点为目标。

前面这样比较理性的阐述，只是想说明，中关村软件园的成功，中关软件园走过的路径，无论是艰难岁月，还是辉煌日子，从理论的角度分析，有其独创新，也有其必然性；中关村软件园公司的全体干部员工，用脚丈量出的岁月，更好地丰富了经济学中的迈克尔·波特"钻石模型"；而正因如此，中关村软件园的经验是可以复制和借鉴的，只是在借鉴的过程中，时刻不能忘了两个字：创新。

第七章 园区与运营主体"双钻石模型"

如何才能设计出"双钻石模型"？中关村软件园的发展符合"钻石模型"有其必然性，软件园公司要形成"钻石模型"却不易。作为股东的中关村发展集团如何定位？对软件园公司的成长发挥了哪些作用？研究发现，股东资源、业务结构、企业文化也是软件园公司成功的关键。

中关村软件园建设运营主体——北京中关村软件园发展有限责任公司（软件园公司）于2000年8月7日成立。软件园公司受北京市政府委托承担中关村软件园的规划、建设、运营、管理与服务，是推动国家软件与信息服务产业的专业化发展商和服务商。

经过15年的培育和成长，中关村软件园有了生命，有了个性，它不再仅仅是园区企业的"所在地"，也不再仅仅是中关村软件园公司的"工作对象"。前文已详细述及，经过15年的发展，中关村软件园公司成功地在软件园构造了一个推动企业创新的"力场"。这个"创新力场"，正是由软件园公司和中关村软件园的两颗"钻石"的各点各面互相映射、彼此激发而成的。

让我们回顾上一章出现的"双钻石模型"。

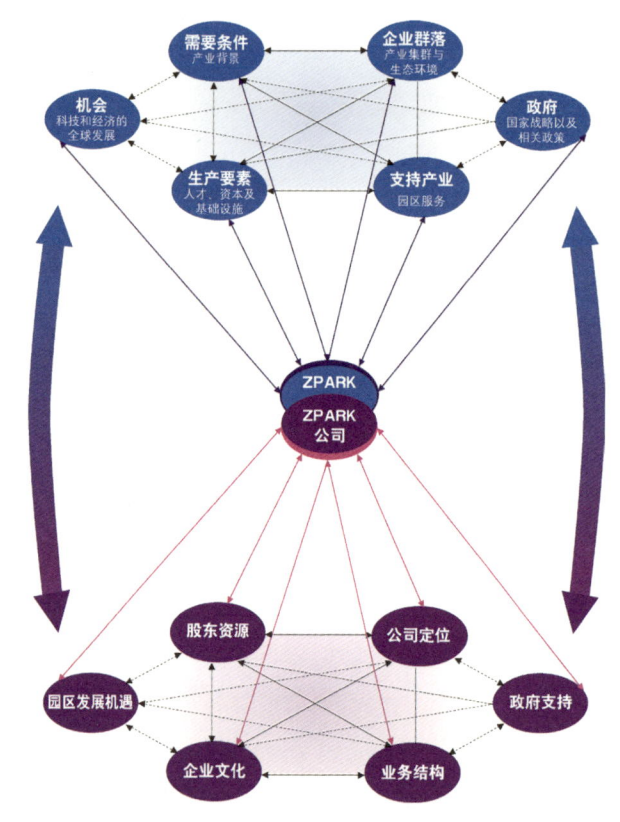

中关村软件园和其建设运营主体中关村软件园公司构成"双钻石模型"

"双钻石模型"试图揭示这样一种基本运作机制：中关村软件园"钻石模型"内六要素转化为园区企业的核心竞争力，进而达成建设国家级产业基地的目标，在很大程度上是通过软件园公司持续不断地将其专业化、多元化、国际化的高品质服务作用于园区和园区企业来实现的。在这个意义上，建设运营主体"钻石模型"本质上是一个通过服务能力驱动的"创新力场"，模型中诸要素共同为力场积蓄势能。

需要指出的是，在双钻石彼此映射形成的"创新力场"以整体服务作用于园区之外，建设运营主体"钻石模型"中的一些要素也直接作用于园区和园区企业。考察这类作用，有助于更准确地解释和理解中关村软件园。为此，我们来逐一分析与中关村软件园"钻石模型"诸要素一一对应的软件园公司"钻石模型"的各个要素。

园区发展机遇

园区发展机遇是公司发展的基础。目前，全国共有200多家软件园。各地软件园不少已成为国家软件产业基地、国家软件出口基地、国家火炬计划软件产业基地。中国软件百强企业、国家规划重点布局企业，70%都聚集在软件园区，软件园区已成为我国促进软件产业发展的引擎和国家发展战略性新兴产业重要支撑。各地软件名城、软件新区、软件新谷、软件新带相继涌现，政府推动，迎来软件产业园区大规划、大建设和大发展时期。

在"大众创业、万众创新"时代大潮下，各园区改造或新建孵化器、加速器、集中办公区、众创空间、创客工作室等吸引各类创业团队入驻，借助产业基地的综合优势，提供丰富的创业服务，软件园正成为众创时代中的"创业迁徙图"的缩影。2015年，国务院发布"互联网+"行动计划和"中国制造2015"战略[①]，进一步强化发展软件产业的重要性，毫无疑问软件园必将迎来新一轮的发展机遇。

---

① 2015年5月8日国务院印发《中国制造中2025》纲要（国发〔2015〕28号）。2015年7月1日，国务院发布《国务院关于积极推进"互联网+"行动的指导意见》(国发〔2015〕40号）。

政府支持

政府支持是软件园公司发展的重要支撑。

从 1990 年代起，国家明确把信息产业作为国民经济支柱产业重点发展。2011 年国务院发布《关于印发进一步鼓励软件产业和集成电路产业发展若干政策的通知》，2013 年国务院印发了《关于促进信息消费扩大内需的若干意见》，大力扶持软件产业发展。

结合实际情况，北京市也相继出台了《北京市进一步促进软件产业和集成电路产业发展的若干政策》和《北京市关于促进信息消费扩大内需的实施意见》等系列政策措施，在产业空间、资金扶持、研究开发、人才奖励、应用市场等方面解决了软件产业的关键问题，释放出了更多生产力。同时，中关村国家自主创新示范区也相继推出了"1+6"系列先行先试政策[1]、"新四条"政策[2]以及"京校十

---

[1] 2010 年底，国务院原则同意中关村中关村实施"1+6"系列先行先试政策。其中"1"是指搭建中关村创新平台，"6"是指在科技成果处置权和收益权、股权激励、税收、科研项目经费管理、高新技术企业认定、建设统一监管下的全国性场外交易市场等方面实施 6 项新政策。

[2] 2013 年 9 月 29 日，财政部、科技部、国家税务总局等部委联合发布了《关于在中关村国家自主创新示范区开展高新技术企业认定中文化产业支撑技术等领域范围试点的通知》等四条新政策，标志中关村"新四条"政策正式出台。这四条政策包括：科技部、财政部、国家税务总局联合发布的《关于在中关村国家自主创新示范区开展高新技术企业认定中文化产业支撑技术等领域范围试点的通知》（国科发高〔2013〕595 号），财政部、国家税务总局联合发布的《关于中关村国家自主创新示范区有限合伙制创业投资企业法人合伙人企业所得税试点政策的通知》（财税〔2013〕71 号）、《关于中关村国家自主创新示范区技术转让企业所得税试点政策的通知》（财税〔2013〕72 号）、《关于中关村国家自主创新示范区企业转增股本个人所得税试点政策的通知》（财税〔2013〕73 号）。

条"[1]等新政策,支持科技成果转化,进一步优化了中关村创新创业环境。中关村软件园处于中关村自主创新示范区的大环境中,借政策之势,将政府政策导向功能与企业的市场运作有效结合,贯彻执行政府的方针,确实实现政策落地,通过软件园公司自身的发展战略,保证园区的产业定位和产业规划,全面为园区企业提供配套的产业服务。

在国家和北京市政府为软件产业营造的政策环境中,件园公司努力为园区企业获取政策"阳光",自身发展也从中获得支持。

股东资源

中关村软件园公司2000年成立时,有三个股东,按股权大小,依次是北京科技园建设股份有限公司、首钢集团和北京海淀科技园建设股份有限公司。2010年,股东调整,控股股东为中关村发展集团股份有限公司。

目前,软件园公司注册资金5亿元。中关村发展集团出资48500万元,占出资总额的97%,北京海淀科技园建设股份有限公司出资1500万元,占出资总额的3%。软件园公司获得作为大股东的中关村发展集团的持续帮助:在软件园发展中遇到的难点和重大问题进行协调和帮助,为园区拓展提供资源,提升国际影响力,推动重大项目落地,等等。

---

[1] 2014年1月13日北京市政府对外发布《加快推进高等学校科技成果转化和科技协同创新若干意见(试行)》(京政办发〔2014〕3号),全文共十条,简称"京校十条"。

中关村发展集团于2010年4月1日经北京市政府批准,在重组中关村国家自主创新示范区"一区十园"现有开发建设单位的基础上成立,是北京市委市政府为进一步加快中关村示范区建设,加大市级统筹力度,运用市场化手段配置创新资源的国有大型企业。中关村发展集团坚持示范区与集团同步发展的"双维"战略目标和"整合资源、搭建平台、引领发展"的工作理念,充分发挥国有资本引领放大作用,积极开展产业投资、科技金融和园区发展三大主营业务。

在产业投资方面,中关村发展集团围绕战略性新兴产业集群创新发展,集中力量投资和服务落地大项目。综合采用代持政府股权投资、自有资金投资、合作设立基金等方式,利用市场机制实现国有资本引领放大功能,为科技成果转化和产业化提供有效的投资和服务落地支持,并且整合国内外创新资源,加快培育具有科技主导权的战略性新兴产业集群。

在科技金融方面,中关村发展集团全力为创新型企业提供高效金融服务,积极推进科技金融服务体系建设。集团打造形成了创业投资、科技担保、小额贷款、科技租赁等多元化科技金融服务体系;并作为"百千万"科技金融服务平台主要实施主体,设立园区发展基金及配合设立国家集成电路产业基金;参与设立多支创投基金和天使基金,为高新技术企业发展提供全方位融资服务。

在园区发展方面,中关村发展集团围绕示范区扩区和园区统筹发展,努力提高园区的规划建设水平。按照中关村示范区空间规模和布局调整总体方案，参与新扩区园区建设，采用规划指导、产业基金、项目代建、产业服务等多种方式推进特色产业基地建设和区域合作。落实京津冀一体化发展要求，与天津、辽宁、河南等区域开展合作，积极发挥中关村对外辐射带动作用。

中关村发集团还围绕"一带一路"和中关村国际化，努力探索吸引融合海外科技资源新战略。集团设立了硅谷孵化中心、渥太华孵化中心、中关村硅谷创新中心，设立丹华基等投资基金，不断探索集团海外业务的新布局、新路径。

软件园公司充分利用股东资源，加强与集团的战略协同，对接集团的产业投资、科技金融服务以及对内对外合作等方面，成为集团"平台＋通道"的延伸和子平台；为集团科技创新与产业促进提供产业服务和技术服务的平台及科技创新与产业服务项目落地所需要的研发载体与综合配套服务等载体资源；集团提供产业投资信息，软件园公司则协助集团跟踪被投资企业，筛选优质项目。

作为软件园公司的大股东，中关村发展集团在中关村软件园各项战略目标达成及各阶段的有序健康发展方面功不可没。

在京津冀协同方面，中关村发展集团积极推动中关村软件园与天津、保定的合作；并汇集中关村创新要素，促使软件园建成为中关村"飞地经济"示范园和引领战略新兴产业集聚发展的科技中心、创新中心、辐射中心和服务中心。

在国际化方面，中关村发展集团大力支持园区开拓中芬合作。2012年11月，中关村发展集团赫尔辛基创新合作中心挂牌成立，该中心是中关村管委会、中关村发展集团与中关村软件园共建的"三合一"中心,即中关村发展集团赫尔辛基创新合作中心、中关村驻芬兰联络处、中关村软件园芬兰创新与技术转移合作中心。该中心承担中关村管委会、中关村发展集团和中关村软件园公司的海外联络机构职能,推动中关村与芬兰相关政府部门、企业与中介组织建立合作关系,加强海外高层次人才引进,促进海外高科技重大项目落户中关村,为国内高科技企业提供在芬兰的落地服务。2014年,中关村驻芬兰联络处在中关村核心区驻芬兰联络处所在地成立,"三合一"中心成为"四合一"中心。

为了加快实施创新驱动发展战略,适应和引领经济发展新常态,顺应网络时代"大众创业,万众创新"的新趋势,中关村发展集团2015年6月推出立足中关村支持创业的"领创空间"模式,将中关村技术、人才、平台等要素打包,探索既有城市核心区的创新创业转型。在集团的索引下,中关村软件园参股中关村领创空间的运营机构——北京中关村领创空间科技服务有限责任公司,促使软件园公司迈出了跨越式发展的新步伐。集团还支持软件园公司二期云计算中心设立中关村领创空间总部旗舰店,将中关村软件园打造为"领创空间"的全国示范样本。

公司定位

明确定位是公司发展的关键要素之一。软件园公司是园区的开发、建设、运营、管理、服务主体,为了适应园区企业发展提出的新服务需求，公司需要从发展商转变到园区运营商、服务商。最近，软件园公司进一步明确发展目标为：率先在软件与信息服务业领域成为具有全球影响力的科技创新中心；实现品牌与业务模式的对外输出，承接和参与其他专业园区建设和运营；专注服务于软件产业，致力于为园区企业提供高品质服务，并辐射到北京乃至全国成为软件产业服务资源的聚集平台；对园区发展前景好的成长性软件企业进行投资与服务支持；在全国范围内寻求好的项目和企业进行投资与服务支持。

业务结构

在中关村软件园成立初期，土地一级开发是主要任务，软件园公司的主要收入也来自于土地开发。因此，初期软件园公司的业务部门主要是开发建设部门。随着软件园的发展，园区基本设施建设基本完成，软件园公司按照"率先在软件与信息服务业领域成为具有全球影响力的科技创新中心"的使命，重点发展二级和三级业务。

软件园公司立足于可持续发展，从发展商向运营服务商转变，业务模式随之转变。在"十一五"期间，软件园公司探索以园区开发建设为主，载体经营和产业促进为辅的"一主两辅"模式。在"十二五"期间，为了实现稳健经营、持续发展，软件园公司形成以园区开发建设为基础，载体经营和产业促进为引擎的"一基两翼"模式。从单一的园区开发建设转变到园区开发建设、综合经营、产业服务以及轻资产运营的业务组合，以此来动态适应公司不同阶段的发展需要。软件园公司通过增加自持载体物业，完善园区产业服务体系，对园区企业进行投资，获得产业服务以及产业投资收益，由此提高软件园公司的盈利能力。"十二五"末期，软件园公司成立了信息谷子公司，以轻资产运营的方式对外进行软件园管理和模式输出，发挥软件园公司辐射带动作用，为中关村软件园输出管理及与外埠地区合作探索出一条新路。

随着软件园发展战略的调整，公司的主要业务部门也发生了演变。园区建设初期，经营结构以土地收入为主，主要是以建设开发为主的工程建设部、征地拆迁部、造价管理部、规划设计部，以及为企业提供产业服务的产业服务部和出口服务中心。2006年，随着园区建设基本完成，园区的企业、产业进一步集聚，软件园公司增加了负责项目落地的市场营销部，以及为保证公司可持续发展而成立的规划发展部，为公司进行战略、投资、计划。同时，为了进一步完善园区产业服务，公司增设了信息技术部。2007年，园区建设日渐成熟，为了进一步完善公司的一二级开发业务，成立了项目前期部和园区开发部。到了2012年，为适应新的需要，公司又成立了综合经营部和资产管理部。近几年，为了进一步拓展国际化合作，公司设立了驻国外办事处。2015年，公司成立信息谷公司，又开拓了新的业务模式——轻资产经营模式，以此来发挥软件园辐射带动作用。

可以看出，软件园公司适时根据园区发展动态调整组织结构，以此实现动态匹配和互动。

	土地开发、载体建设、资产管理	产业服务
2005年以前	工程建设部 征地拆迁部 造价管理部 规划设计部	产业发展部 出口服务中心
2006年	四部门合并为开发建设部 随后改制并入项目管理公司	产业推广部 市场营销部 规划发展部 信息技术部
2007年	项目前期部 园区开发部	产业推广部 招商经营部 投资发展部 IT事业部
2012年	项目前期部 园区开发部 资产管理部	产业服务部 投资发展部 IT发展部 综合经营部

中关村软件园公司主要业务部门的演变

企业文化

中关村软件园公司的企业文化既体现了政府对促进产业发展的要求，又兼顾了企业自身壮大的需求。中关村软件园没有设立管委会，软件园公司没有实质的政府职能，但担负有落实政策的责任，要协调各方利益，确保政府确定的发展目标的落实。企业运作，又要求中关村软件园公司要有成本目标，要有风险管控，要有经营活动，由此形成软件园公司的特色企业文化。

在软件园公司的办公楼里，处处可以见到这样"六句话"：定义企业目标的是"开辟IT企业沃土，成就IT精英梦想，助力IT产业腾飞";营造团队氛围的是"勇于担当,施展才干,成就梦想,收获快乐"和"同心,同创,同享";提倡工作态度和方法的是"敬人敬业,求质求效""态度决定一切,细节决定成败"和"细节彰显品质,力行可致精进"。

软件园公司总经理刘克峰还强调,软件园的英文名称"ZPark"是公司文化的精练概括:

Z: Zest, 热情

P: Professionals, 专业

A: Ambition, 愿景

R: Respect, 尊重

K: Knowledge, 知识

对事业的热情是中关村软件园公司管理层和骨干员工的特点优势和企业文化的集中体现。无论顺境逆境,软件园公司骨干员工都依靠对事业的执着追求,挺过了一个个难关。

建设一流的软件园,与国内外优秀企业合作,专业是必备的素质。园区规划、建设、管理,政策争取、落实,国际国内的广泛合作,事无巨细的工作,要么关系长远,要么关系入园企业是否满意,要么关系合作是否能达成,要么关系企业经营风险,专业性紧随目标和规划,是执行、落实的关键基础。

服务产业和园区的"双维"目标,既是政府和股东的期许,也是软件园公司全体员工的自我要求。而"双维"目标形成的公司的愿景,成了公司企业文化的重要组成部分。

对内、对外的尊重是软件园公司企业文化的另一特色。人员数

量有限，工作领域很宽，许多领域都是一两个员工负责，公司能够在一致的愿景下、统一的目标下，尊重每一个员工，让每个员工发自内心的认同和付出，这是良好经营成果取得的关键。软件园公司对外要与各级政府、不同类型企业和非政府组织打交道，尊重合作者，才能聚合大家的力量，共建软件园。

服务于变化最为迅捷的信息技术行业，把公司建成学习型企业是理性选择。公司要求每一位员工知识更新与不断学习的内容要围绕两个维度展开，一是行业，一是专业。信息技术行业日新月异，全公司成员都需要了解软件行业发展动态，以便和业内合作伙伴无缝交流。专业则由岗位确定，无论是土地开发、规划、建设，还是企业引入、园区运营，乃至金融、法律、国际合作，都需要细致深入的专业知识。

企业文化除作用于软件园公司外，还以更为直接的方式作用于园区和园区企业。园区初创，公司就大力提倡让企业满意的园区服务理念。十五年过去，创新服务、贴近服务，将企业的需求放在第一位，已经融入每一位员工的血液。

不仅如此，随着软件园的不断发展，软件园公司与园区发展相适应，其企业文化也在继承原有优秀理念的基础上不断创新。软件园公司努力提炼核心价值观，增加企业凝聚力，并基于核心价值观，提高各层级执行力，同时加强员工之间的沟通，提升员工对企业的认同感。通过对企业文化的表述、宣贯，形成了和企业战略高度配合的软件园公司企业文化。

第八章

中关村软件园的未来

放眼全球，两大主角必将影响科技与经济的未来：一是广泛的连接，二是普遍的创新。软件定义一切，无论是"互联网＋"、中国制造2025，还是大众创业、万众创新、智慧园区建设，中关村软件园都已具备先发优势。除此之外，针对国际市场产业结构调整和产业转移趋势，尤其是"一带一路"软件市场的拓展，以资金、技术、管理经验为抓手，深入拓展海外市场成为可能；与此同时，疏理经验，总结模式，输出管理，推动国内众多软件园区合纵连横，并创新经营地级城市产业园区，大有可为。中关村软件园公司明天会更好！

中关村软件园里最适合坐下来静思的地方，是一期的中心湖。初夏清晨，鸟鸣嘤嘤，湖水涟漪；湖岸是起伏的草地，树林错杂，树枝在风中摇曳；靠近岸边的湖水里一簇芦苇，洋溢着饱满的绿色。湖中一座折线形态的步行桥，建造精良，闪耀着工业美感的光影。

站在桥上凭栏眺望，会有人忍不住思考时间的性质。时间之于软件园，又有怎样的意义呢？15 岁的软件园正值青春年华，它还有漫长而值得期待的美好未来。

放眼全球，科技和经济的未来，已经显示出两大主角，一是广泛的连接，二是普遍的创新。信息科技的演进让地球缩小，通过基础设施和终端设备的持续改进而实现。结果是信息爆炸、信息过载、信息交互猛增。人与人、人与组织、组织与组织、人与物、物与物之间的连接日渐增多，世界变平了。就像在混沌中会自发产生秩序一样，变平的世界也随时孕育着波澜。创新就像其中的亮点，它可能由个人驱动，或发生在任何组织内部，或发生在各种连接处，也可能发生在任何商业活动或非商业活动的过程中。潜藏着波澜的日渐变平的世界，由随处出现的创新亮点提供发展的动力。软件在科技和经济的图景中，就像阿基米德的支点。

软件定义未来

1948 年 6 月 21 日，软件在美国曼切斯特大学诞生，当时名为"曼切斯特小规模实验机"的概念验证电脑 Baby，运行了第一个软件程序。软件诞生 67 年来，经历了几个重要阶段。二十世纪 90 年代，是国际 IT 产业风云突变，从硬件产品研发制造为主迈向软件应用为主的新时代。如今，软件面临着前所未有的发展际遇，正在改写和重新定义世界。

这绝非夸大其词。环顾一下我们的四周：世界上最大的图书商是软件公司 Amazon；世界上最大的音乐商店也是软件公司 iTunes、

Spotify 和 Pandora；世界上增长最快的娱乐公司也是软件公司 Zynga；世界上最好的制片商也是软件公司 Pixar（皮克斯动画工作室）；世界上增长最快的电信公司同样是软件公司 Skype；世界上最大的营销平台也是软件公司 Google；世界上最大的猎头公司也是软件公司 LinkedIn……还有，现在世界上最引人注目的汽车，也是基于软件控制的——特斯拉。

软件已经无处不在。Google 眼镜、Nike＋Fuelband 腕带、Jawbone Up 手环、iWatch 智能手表……可穿戴产品貌似属于硬件，却实实在在是以软件为灵魂，是软件硬件化的典型之一。

Uber 就像物联网，而软件就像出租车，当需要的时候，软件"出租车"就会带用户去想要去的地方。换句话说，就是用户接口无处不在，每样物品都有可能成为用户接口。手机刚诞生的时候像砖头那么大而且功能非常有限，现在智能手机体积非常小而且什么都能做，未来的手机甚至有可能变成耳朵上戴的物品。而当前在生命科学中，已经能在人的皮肤中植入传感器并与手机进行互动，通过手机从传感器接收血压等一系列关于生命体征的数据。未来，无处不在的用户接口将导致软件、数据与物理世界的关系发生颠覆性变化。

正如工业和信息化部软件服务业司（现已改名为信息化和软件服务业司）司长陈伟在 2014 年年底所说，"今天，很多人提出了 SDN（软件定义网络）、SDD（软件定义数据中心）、SDS（软件定义系统）。而我认为，软件可以定义世界（SDW），软件应该成为世界的核心和灵魂，成为信息消费的重要引擎和重要内容。"

169

事实上，软件正在重构、定义世界的范围远远不止于此。时至今日，软件已经和我们传统思维中认为的软件概念大相径庭。传统的软件可以分为嵌入式、企业管理软件、信息安全软件、中间件、工具软件等等，然而现在的软件早已不适用这样的分类和界定。在云计算、移动互联网、物联网、大数据等新技术新模式冲击下，软件产业在不断地进化创新、颠覆自我。重硬轻软、软件以辅为主、靠销售软件"License"商业模式的时代结束了。取而代之的是软件定义硬件、软件定义服务、软件定义网络、软件定义服务器、软件定义数据中心。

简而言之，软件定义世界，软件定义未来。软件硬件化、软件互联网化、软件服务化，软件正以跨界融合的新面目席卷人类社会，打破旧秩序，重构新世界，继而成为经济转型升级的重要引擎和重要内容。

数字化的时代，软件定义世界将是一场数十万亿美元的饕餮盛宴。软件和信息技术服务业正以高速发展和快速演进的态势深刻影响着全球经济活动和社会进程，并渗透到每一个人的工作和生活当中去。任何你能想到的服务都将被软件化，而我们每一个人都将是这一创新风暴的见证者和参与者。

Gartner的研究显示，应用软件正迅速成为企业数字化转型和创新的关键推动力，到2017年，75%的应用软件构建计划都将围绕企业的数字化转型展开。因而，革新应用软件业务，确立全新的软件战略，将帮助企业把握数字化时代的机遇，开拓新的竞争前沿。

在高速变化的"万物互联"时代,"笨拙"的一体化应用软件显然疲于应对,未来的应用软件必须变得更为灵活。

美国农业公司Monsanto已经从农产品业务发展到了通过软件、硬件和数据的集成,以更加智能的方式帮助农民规划和收获产品。通过采用一系列物联网产品及服务,这家公司在每一块土地上更好地集成了种子、土壤、天气模式、大数据分析、无线设备等,让土地获得更高的生产效率和生产力,实现"精准农业"。Monsanto把所有的数据放在一起进行大数据分析,为进入田间的每一个拖拉机都装了无线设备。软件能"告诉"拖拉机如何对不同的土地进行不同的耕作,包括耕作的深浅度、浇水的多与少等。Monsanto已经不仅仅是一家卖种子、化肥、农具的公司,而是为全球农业提供软硬集成的产品与服务公司,这种具有软件数据分析能力的新型拖拉机能大幅提高全球农业的生产效率和生产力。

企业软件市场也正在悄悄发生着变化。在商业模式,生产模式和消费模式都逐渐改变的现在,带动企业的盈利模式也随之改变。原来靠大规模生产标准产品来获取利润的时代,已经变成了单一定制的大规模生产方式。

此外,随着各种软件、大数据分析工具、云计算服务、新型物联网硬件等大量的涌现,软硬集成将是未来很长一段时间内企业的主要诉求。换句话说,当前业界所谈论的人机一体化将是软硬集成、经过用户体验优化的人机一体化。

软件定制化,软件硬件化,企业软件互联网化,软件的未来早已突破了传统的界限。软件园的未来也早已不再局限于传统的软件企业。目前，中关村软件园正在聚集一批人工智能领域的技术研发企业，为形成未来的产业高地开始布下棋子。

互联网改变未来

2015年3月，全国两会上，全国人大代表马化腾提交了《关于以"互联网＋"为驱动，推进我国经济社会创新发展的建议》的议案，表达了对经济社会创新的建议和看法。2015年3月5日上午十二届全国人大三次会议上，李克强总理在政府工作报告中首次提出要实施"互联网＋"行动计划。他强调，要"制定'互联网＋'行动计划，推动移动互联网、云计算、大数据、物联网等与现代制造业结合，促进电子商务、工业互联网和互联网金融健康发展，引导互联网企业拓展国际市场。"

"互联网＋"是互联网思维的进一步拓展成果，它代表一种先进的生产力，推动经济形态不断的发生演变。从而带动社会经济实体的生命力，为改革、发展、创新提供广阔的网络平台。

通俗来说，"互联网＋"就是"互联网＋各传统行业"，但这并不是简单的两者相加，而是利用信息通信技术以及互联网平台，让互联网与传统行业进行深度融合，创造新的发展生态。

它代表一种新的经济形态，即充分发挥互联网在社会资源配置中的优化和集成作用，将互联网的创新成果深度融合于经济、社会各领域之中，提升全社会的创新力和生产力，形成更广泛的以互联网为基础设施和实现工具的经济发展新形态。

几十年来，"互联网＋"已经改造及影响了多个行业，当前大众耳熟能详的电子商务、互联网金融、在线旅游、在线影视、在线房产等行业都是"互联网＋"的杰作。

国务院关于积极推进"互联网＋"行动的指导意见中指出，"互联网＋"是把互联网的创新成果与经济社会各领域深度融合，推动技术进步、效率提升和组织变革，提升实体经济创新力和生产力，形成更广泛的以互联网为基础设施和创新要素的经济社会发展新形态。在全球新一轮科技革命和产业变革中，互联网与各领域的融合发展具有广阔前景和无限潜力，已成为不可阻挡的时代潮流，正对各国经济社会发展产生着战略性和全局性的影响。积极发挥我国互联网已经形成的比较优势，把握机遇，增强信心，加快推进"互联网＋"发展，有利于重塑创新体系、激发创新活力、培育新兴业态和创新公共服务模式，对打造大众创业、万众创新和增加公共产品、公共服务"双引擎"，主动适应和引领经济发展新常态，形成经济发展新动能，实现中国经济提质增效升级具有重要意义。

之前的2015年5月8日，国务院还发布了《中国制造2025》纲要，明确要通过信息化工业化融合，通过工业软件的开发应用，推动智能制造发展，力争十年后促使我国制造业迈入世界"第二阵营"，在建国100周年前后，进入制造业第一阵营。

为落实"互联网＋"行动计划，中关村软件园已经开始筹划。中关村软件园公司董事长周放介绍，中关村软件园近斯可以把握三大发展机遇。首先，在大力发展工业软件方面可以在显身手。"互联网＋"行动指导意见中指出要大力发展智能制造，以智能工厂为发展方向，开展智能制造试点示范，加快推动云计算、物联网、智能工业机器人、增材制造等技术在生产过程中的应用，推进生产装备智能化升级、工艺流程改造和基础数据共享。对此，软件园正在积极延揽这类专注于工业软件的企业入园，已经明确相关的政策与措施支持。

其次，在开源促进创新方面，中关村软件园可以鼓励企业依托互联网开源模式构建新型生态，促进互联网开源社区与标准规范、知识产权等机构的对接与合作。开源软件的发展，中国仍显不足，依托北京优势，中关村软件园最有机会在这一领域突破。

最后，在创新创业方面，软件园可以推动各类要素资源聚集、开放和共享，大力发展众创空间、开放式创新等，从而引导和推动全社会形成大众创业、万众创新的浓厚氛围，打造经济发展新引擎。

在"互联网＋"背景下，软件园要优化完善园区功能布局，明确功能定位，拓展发展思路，创新体制机制，提升孵化效益，加快推进公共服务平台市场化运营，营造良好产业发展生态。只有牢牢抓住以互联网为代表的新一代信息技术产业发展方向，发挥互联网在生产要素配置中的优化和集成作用，才能依托高新区产业、平台优势，将互联网的创新成果深度融合于各领域之中，从而提升实体经济的创新力和生产力，帮助形成更广泛的以互联网为基础设施和实现工具的经济发展新形态。

智慧园区

智慧园区是中关村软件园正在探索的未来方向。

中关村软件园作为工业和信息化部命名的中国首批智慧软件园区试点单位，已率先完成了智慧园区的顶层设计和重点项目规划工作。2014年起，中关村软件园围绕"创新创业更便利、生产生活更融合、人文生态更和谐"的这一总体目标全面开展智慧园区的各项建设工作。

为更好地避免传统平台所存在的信息孤岛、扩展能力不足和难以跨系统整合等问题，中关村软件园智慧园区建设将采用总线式平台建设思想，即通过制定规范统一的数据标准和系统接口，搭建门户集成、资源共享和数据融合的总线架构，以实现各类应用系统的即插即用。

软件园公司总经理刘克峰介绍，在中关村软件园的计划中，智慧园区建设规划了三个阶段的工作。

第一阶段是"打基础"，推进基础设施建设，重点打造示范、试点工程，重点内容有三个方面。标准基础：制定规范的智慧平台数据交互、界面融合等技术标准，同时制定相对完善服务引入和管理规范化标准。设施基础：建设智慧平台基础设施体系，打造各类智慧服务、智慧管理应用的通用技术容器，夯实智慧平台基础。认知基础：建设一批具有示范宣传效用和展示效能的智慧应用，将智慧化平台应用深入人心，起到展示效用并获取更多支持。

第二阶段是"重服务",即建设智慧化服务体系,提升服务运营能力,重点内容有三个方面。创新合作:建立基于智慧平台建设的合作体系,积极引入优质合作伙伴,打造新的商务运营模式,形成较强的服务创新能力。丰富服务:依托创新服务体系,积极打造适合园区企业和个人同时具有辐射意义的智慧服务应用,形成线下线上的服务体系。提升运营:以提升标准化运营管理为重要指标,形成园区运营管理的整合性平台,提升运营管理标准化水平和创新运营输出能力。

随着全国各地IT产业的发展,园区内部企业和从业人员对于新服务有更多的呼声。智慧园区的出现,将是推进产业发展和满足企业和从业人员需求的一种全新的手段。

以往园区企业发展,都是以企业个体为单位进行发展。建设智慧园区之后,将能够会聚企业不同资源和能力,以智慧平台的方式推进区域产业链的形成,以拉动整体区域产业的发展。此外,党的十八大以来,特别是近期,一直强调不片面追求经济指标的发展思路。智慧园区的建设,可以让软件园公司有手段和方法推进园区发展思维的转变,从单一追求经济指标的思路走出来,转而关注园区经济、民生、环境等和谐发展。

第三阶段是"创品牌",即完善智慧园区体系,促进品牌服务输出,重点内容有三个方面。持续改善:根据不同平台使用情况和运营情况,不断完善服务内容和管理运营体系,在建设期内形成相对完善的智慧平台运营和服务模式。决策支撑:以平台建设运营两年以上的数据沉淀作为基础，利用大数据分析技术，打造服务于全园区的决策支撑体系。服务输出：以智慧平台为核心输出手段，整合管理能力和服务资源，借助各种渠道积极推广平台成果，真正起到管理和服务输出的目的。

创新高地，创业沃土

创新创业一直就是中关村的名片，无数追逐梦想的有志之士踏上这片热土，开始了筑梦之路。创新创业，是一种生活方式。无论是大企业中的高管辞职创业，还是创业名家的持续创业，抑或90后的新生代创业，只要选择了创业，人生就步入了既充满梦想又富有挑战的历程。对创业者而言，需要磨练自己的企业家精神，要长于捕捉创业的阳光，善于利用创业的荫泽，智于选择创业的雨露，勤于吸纳创业的氧气，勇于开拓创业的空间，把创新创业生态系统中的各类养分充分地融合于自己的创业中，"君子性非异也善贾于物也"。对于中关村软件园而言，要集聚好更丰富、更有效的创业要素，构架起各创新创业要素间的"活化"机制，成为创新高地、创业沃土。

创新驱动经济，是全球性的图景。中国国家战略的制定者早已意识到这一点，正在大力推动创新。2014年以来，国务院总理李克强在多次会议和不同场合调研时均强调"大众创业，万众创新"，提出要以大众创业培育经济新动力，用万众创新撑起发展新未来，打造经济新的发动机。2015年1月28日召开的国务院常务会议，"构建面向人人的'众创空间'等创业服务平台"的表述更让人眼前一亮。于是，在2015年，由于国家层面的倡导，人们开始热烈地讨论两个短语——"互联网＋"和"创业孵化"。"互联网＋"内化了广泛连接的思想，希望在信息碰撞中找到改进业态的机会，同时为希望跟上创新热潮的企业提示了努力的方向。在"互联网＋"的呼声中，即使一个企业目前的市场地位和财务状况迄今尚好，它的管理者也会心生危机感——如果再不主动去"＋"，就可能被"＋"。而"创业孵化"一石三鸟：为创业者提供帮助，可以提高创业成功率，整体提升创业者所在行业的水平；鼓励创业，小企业如雨后春笋，可以创造大量岗位，而且不是简单劳动岗位，而是适合受过良好教育的人才的岗位——在这样的岗位上，从业者拥有体面的生活和足够的自豪感；专注于创新的后来者，即孵化出的初创企业，进入某行业的市场竞争，将搅动整个行业，让那些仍没有被"互联网＋"的呼声唤醒的，由于占据市场优势而反应变慢、变得"贵族化"的企业，受到层出不穷的创业者的冲击，也加入到创新创业的行列中。

除此之外，国际市场产业结构调整正在展开，产业转移仍是大势所趋。随着中国软件产业技术、产品、服务、品牌国际影响力的建立，中国软件产业走出去定是必然。尤其是"一带一路"战略的实施，东南亚等邻国、非洲等都可能成为我们的主力市场，以资金、技术、管理为依托，深入拓展海外市场，创建和经营海外园区成为可能。

与此同时，国内各省已经运营将近20年的各大软件产业园区也面临变革和挑战，合纵连横，资源共享，需求迫切。众多地级城市，基于"互联网+"和智能制造等创新领域，必将创建更多科技园区。疏理经验，整合资源，输出管理和模式，都成为中关村软件园公司做强做大的良好契机。

而"中国梦"，是这些行动的大旗，激荡起中华民族再度复兴的渴望，塑造适应加速变化的世界的社会心理。在"中国梦"的大旗之下，中关村软件园各个企业中的人们，也心怀着"创新梦"和"中关村梦"，携手走向美好的未来。可以坚信，中关村软件园及软件园公司明天会更美好！

附录

世界十大科技园发展之路

1951年美国硅谷的形成掀起了全球各地科技园区的建设热潮。目前全世界高新科技园区共有一千多家，主要分布在发达国家。国际科技园区协会总干事路易斯·桑表示，"世界科技园区在过去的十几年间，得到了快速的发展，不仅科技园区数量在增长，而且因为园区运作模式的多样化，在不同的社会形态下发展得多姿多彩。"

作为一种与高科技产业共生的社会现象和科技与金融相结合的新型产业组织管理形式，高科技园区已成为20世纪高新技术产业化领域最重要的创举。研究、借鉴这些著名科技园区的成功发展经验，总结其成长逻辑和管理模式，对于推进我国产业园区发展、促进技术创新和科技产业化进程大有裨益。

硅谷以及未来的科技园区将不仅仅是一个科技成果转化的产业孵化基地或简单的产业集聚区，而是基于知识生态理念，以人才为引领、以创造力为核心、注重社区和城市融合、突出网络创新的知识创新型园区。对我国而言，打造适于创新创业型的产业生态环境，是科技园区建设和发展中一项长期的重要任务。我国现有高新技术产业开发区在实施"科教兴国"战略、产业升级和经济发展中发挥了重要作用，但与世界上一些先进的科技园区比起来，无论是从量上还是质上，都还存在着一定的差距与不足。因此，如何研究、学习、借鉴世界各国和地区兴办科技园区的经验与做法，就显得非常重要。在总结疏理中关村软件园15年探索经验的基础上，我们顺便对国际上十大主要科技园区的发展状况、主要模式和创新环境建设等方面进行分析，总结科技园区发展经验，以期对科技园区建设和运营者有所启迪。

美国硅谷——宽容的创新环境

美国硅谷（Silicon Valley）起源于1950年代，历来被称为世界高新产业和创新技术的发源地，在全球半导体行业中的地位举足轻重。硅谷也是高科技企业云集的美国加州圣塔克拉拉谷的别称，由于其最初是研究和生产以硅为基础的半导体芯片的地方，故因此得名。

硅谷是当今电子信息产业、计算机、互联网发展的王国。择址硅谷的世界著名计算机公司约1500家。硅谷位于旧金山南端从帕洛阿尔托到首府圣何塞一段长约25英里的谷地。一个世纪之前，这里是一片果园和葡萄园，自从IBM公司和苹果电脑公司等高科技公司在这里落户之后，这里就成为了一座繁华的市镇。数十年内，硅谷诞生了无数的科技富翁。

硅谷有多所研究型大学，如斯坦福大学和加州大学伯克利分校。其中，斯坦福大学对硅谷的形成与崛起有举足轻重的作用。硅谷内60%~70%的企业是斯坦福大学的教师与学生创办的。多年来，硅谷毫不动摇坚持的大学、科研机构与企业之间相互依赖、高度结合的做法，被实践证明是开发高技术与发展高科技产业的一条康庄大道。

显然，著名学府和充足资金并不是造就硅谷的充分条件，硅谷人喜欢形容硅谷是创业的栖息地，实际上硅谷的创业环境在全球是独一无二的，也是硅谷迅速崛起的重要原因。

硅谷的大多数公司都位于美国的阳光地带，这里宜人的气候、空旷的地域和完善的生活设施不断吸引工程师和其他技术人员以及新公司到来，并且他们一到这里，就舍不得离开。当然阳光并不是人们愿意来此居住的惟一原因，更重要的是生活质量，这体现在海滩、滑雪、剧院以及文化社交活动条件的优越上。在硅谷，人们可以轻松聆听交响乐，观赏新英格兰秋天的落叶，享受科德角海滩的舒适。

完善的技术基础设施。由于科技园区内的超强竞争以及高技术产品的生命周期大大缩短，争分夺秒创新成为一个非常关键的因素，完善的技术基础设施和技术配套至为重要。例如，一个创新企业家在设计和制作一个新产品时缺一个零部件，可以在10分钟之内送到；有人想创办一个公司或获得风险投资，手续很简单，园区内有熟悉各种业务的律师进行咨询服务和办理事务。

创造一个孵化点子的环境。在硅谷,人们到处都在交流自己的新点子,咖啡馆里、运动场上、互联网上等各种场合,不管资历高低、年龄长幼或肤色黑白,只要你有标新立异的新思想,或技术创新的好点子,投资商就会跟上来。

扁平的网络式管理结构。硅谷的办事机构效率之所以高,在于它的管理部门是一个扁平的网络式结构,而不是一个自上而下、层层审批的阶梯结构。另外,硅谷的企业与同业公会、大学的边界模糊,鼓励与竞争者结成联盟或合作伙伴。与传统的企业相比,硅谷企业是用工作来确定组织结构,而不是以组织结构确定工作。

完善的保护知识产权和公平竞争的法律环境。20世纪美国颁布了20多部有关就业、劳动保护和知识产权保护方面的法规,以减少和避免就业领域存在的种族、身份、宗教歧视等问题,为来自不同国家和地区的人才提供了充分的权利保障。这也是硅谷人才汇集机制得以形成的重要法治基础。

无可否认,政府的支持对高科技园区的发展是至关重要的。但政府的主要职能除了以简化明了的办事机构和处处为投资者设想的服务规范,真正实现"大服务"外,更为重要的是要通过制定优惠政策等来促进高科技园区的技术创新活动,为企业创造良好的政策环境、投资环境和发展环境。具体可表现在:一是通过立法、司法及行政手段为市场提供一个平等的竞争环境;二是通过推动行业标准化促进企业的技术创新；三是通过政府采购来促进技术的研究开发和产业化；四是倡导企业与大学、科研院所进行形式多样的科研合作，尤其是在风险大的项目上的合作。

区域网络是美国硅谷保持活力的根源之一。以区域网络为基础的产业体系，使各个企业之间展开竞争，同时又通过非正式交流与合作，相互学习先进的技术、管理和营销方法。以团队为基础的网络型企业组织结构，促进了企业内部各部门之间以及与外部供应商、顾客之间的横向沟通。密集的社交和开放的市场，激发了勇于探索、开拓进取的创业精神。

硅谷成功的关键不仅仅是技术、人才、资金等要素的简单组合，更重要的是鼓励创新创业的硅谷文化。正是依靠这种文化，推动了硅谷地区经济社会的高速发展，形成了独特的硅谷模式。

英国剑桥科学园——与大学发展相辅相成

剑桥科学园建立于1970年，这一被誉为"欧洲硅谷"的英国剑桥工业园区就是模仿硅谷模式建立起来的高科技园区。剑桥科技园区的经济发展创造了"剑桥现象"，在过去的30年中，科技园区每年不断增加5000个就业机会，园区平均每年的国民生产总值增长率达到了6.3%，大大高出英国3.4%的国民生产总值增长率。累计为英国创造税收550亿英镑，出口总值达到了280亿英镑。这样一个经济效益日益增加和技术日趋先进的高科技园区已成为整个英格兰东部地区的发展中心。

由于剑桥大学的影响而在剑桥城创设高科技企业的历史至今已有100多年。1878年,剑桥大学毕业生史密斯与一个机匠开办了一家科学仪器公司。1880年,霍拉斯达尔文又与史密斯重新合伙,成立了剑桥科学仪器公司,为剑桥大学制造科学仪器设备。这家公司是世界上第一家与大学相联而又历史最悠久的公司之一,是形成"剑桥现象"的第一家公司。

1967年7月,随着技术革命浪潮的推动,剑桥大学决定采取措施,促成大学科技成果和产业界的结合。他们在校评议会下建立了一个小组委员会,由该校卡文迪什研究所主任莫特教授任主席,就建立大学和产业之间相互关系的工作计划进行了更详细的研究,并提出建议。1969年10月,这份历经2年研究的建议报告正式发布。该报告认为,鼓励剑桥和附近地区现有和新设的立足于科研的产业以及其他应用科学单位发展,对都市和大学本身以及周边都有重大的利益,建议寻求各种方式在剑桥地区建立一个"科学园",为科技产业提供合适的发展环境,并能为剑桥大学各系科研究与实验所利用。莫特报告是促使剑桥科学园成立的一项重要研究成果。

20世纪60年代,剑桥大学在分子生物学和计算机应用研究方面享有盛誉,几家科技公司也由此而生,形成了著名的"剑桥"现象。基于"剑桥"现象而成立的剑桥科技园是模仿硅谷模式建立起来的,但它走出了一条有别于硅谷模式的道路。

首先,科技园区针对园区中小企业渴望扶植的需求,在政策上有所倾斜。从技术、资金方面帮助中小企业成长，先后哺育出一大批富有活力的小型科技企业，它们活跃在前沿科技的各个领域，从生物科技到设备制造，从网络软件到打印系统。

其次，鼓励专注、专业。剑桥科学园内的小企业极其专注于各自的擅长领域，其核心业务非常明确，它们不是什么都做。尽管科技园区内企业都不大，雇员超过100人的寥寥无几，但是这些小企业非常善于使用极少的资源，把某件受到市场欢迎的产品做到极致。

第三，剑桥科技园区的科技企业灵活地与本地区、海外的其他科技企业、同行联盟或者合作，也经常向中心高校的科研部门取经，大量具有商业创意、市场价值的商机应运而生。科技园区宽松的政策，灵活的人事制度，也刺激创业企业如雨后春笋般涌现，出现了一大批健康发展的"小科技企业"、"微型科技企业"，正是这些小微企业，焕发出创新活力，积极地影响了英国经济发展。

瑞典西斯塔科技城——移动谷

瑞典西斯塔科技园成立于上个世纪70年代，是仅次于美国硅谷的全球第二大信息技术中心，西斯塔区是根据仍保留在当地的一个旧农场而命名，高117.2米的西斯塔科学塔是斯德哥尔摩最高的建筑物。

斯德哥尔摩地铁驶经该区，把它分为东西两部分，西部主要为住宅区，东部则是电讯业和电脑业的重地，由于西斯塔是当地电脑业兴旺之地，该区也被称为"欧洲的硅谷"，也被称为瑞典的移动谷。1976年建园初期，全球著名通信跨国企业爱立信就被吸引到西斯塔设立分支机构。由于爱立信的辐射效应，RIFA英飞凌、IBM瑞典陆续迁入，为西斯塔科技城注入了最初的发展动力。

2003年爱立信把总部迁至该园区，包括其总部、微电子、移动互联网、WCDMA等多个技术中心都聚集此地，占有70多栋办公楼。

以爱立信为核心，再次带动了全球信息通讯领域公司到此聚集，许多国际信息通讯领域公司为跟踪爱立信的新兴技术，纷纷加入西斯塔，比如SUN、甲骨文、康柏……包括中国的华为、中兴等公司，分别在此设立研发基地。西斯塔科技城在无线通讯领域享有崇高赞誉，"移动谷"名符其实。目前的西斯塔科技城共有4600多家企业，65500名科技研发工作者，是仅次于美国硅谷的全球第二大高科技城区。

西斯塔产业群的主要管理机构为成立于1988年的Electrum Foundation基金会。该组织的主要成员有爱立信、IBM、瑞典皇家科学院、斯德哥尔摩大学以及斯德哥尔摩市政府等。基金会以追求可持续成长的发展机会为目标，建立起了以高等教育、创新创业、行销招商、科学研究等多方面于一体的产学研合作基地。与其他"科技园"经营模式不同的是，这里并没有任何税收性优惠政策，最大的优势是以良性循环的产学研环境汇聚精英人才。在这里，不仅仅是商业与技术的领土，更是各国创新人才、艺术家、企业家、研究学者云集的知识高地。

印度班加罗尔软件园——政府主导的软件出口辉煌

位于印度南部的班加罗尔软件科技园区成立于 1992 年，核心区面积 1.5 平方公里。在印度政府和卡纳塔克邦地方政府的大力支持下，班加罗尔集聚了一大批国内外知名软件企业，形成了以企业为主体的技术创新体系，园区软件出口占了整个印度的半壁江山，成为印度的软件之都。目前，班加罗尔的软件企业正由早期的低成本软件开发提供者逐渐沿价值链升级，开始进入电子商务、无线应用程序、嵌入软件和客户关系管理编写软件等价值链的高端位置。威普罗、印孚瑟斯、塔塔等一批印度软件企业的领航者，主营业务已经从软件开发附加值低的编码环节转向利润更高的系统软件解决方案，力图在软件开发价值链中获得更大的价值份额。

迄今为止，班加罗尔创立的高科技企业达到 4500 家，其中 1000 多家有外资参与。它已成为全球第 5 大信息科技中心，被 IT 业内人士认为已经具备了向美国硅谷挑战的实力。不仅有印度知名的印孚瑟思公司，还创造了"印度的比尔·盖茨"——该国首富普雷吉姆，有 131 家国际大型 IT 公司在此落户。

软件外包产业是印度经济发展的主要推动力。据统计，包括软件外包在内的服务外包产业为印度创造就业岗位逾 230 万个，产值占印度国内生产总值的 7%，占印度出口总额的近四成。

根据印度国家软件和服务业企业协会的预测，2010 年，金融危机对印度软件和服务外包产业的影响很大，但印度借此推动国内的医疗、金融、教育和公共服务等领域的潜在市场需求逐渐释放，预计产业增速以将在7%左右，产业规模超过626亿美元。

其中，班加罗尔的产业规模占印度整个产业的36%。班加罗尔的成功与政府的支持和创新分不开。印度历届政府对班加罗尔的外包业发展给予了充分的政策扶持。政府在吸引外资和向世界宣传推广班加罗尔方面也做了大量的工作，放宽外资软件企业进入印度的壁垒，外方控股可达75%至100%，从而促使班加罗尔成为跨国企业的理想选择地。

软件开发成本中70%是人力资源成本，低廉而优质的人力资源是班加罗尔成功的一个重要因素。印度在近3000所中学、1000多所大专院校开设不同层次的信息技术专业课程，并依靠民办和私营机构实行人才培训，形成软件人才优势。

如今，"班加罗尔化"不仅描述了印度服务外包产业的发展轨迹，也带动了一种学习效应。除了班加罗尔，印度全国有40多个主要城市开展服务外包业务，业务收入占据了印度产业规模的90%以上。随着产业规模的扩大，印度服务外包产业逐渐培育出许多梯队城市，形成产业链与产业集群。目前，产业开始向二线城市转移，预计到2018年，二线城市服务外包产业从业人员占印度整个产业从业人员的比重将由2008年的不足10%增长到40%。

印度政府培育班加罗尔软件园的种种做法值得借鉴。1984年以前，印度软件业处于政府的高度管制之下，计算机发展极其缓慢且发展水平很低。1984年，印度总理拉·甘地提出了"用电子革命把印度带入 21 世纪"的口号。1986 年印度政府颁布计算机软件政策，为软件的发展创造了各种有利条件，如提供资金（包括外汇）、组织人员培训、简化投资和进口的手续、减免国内货物税等。

在这种契机下，上世纪 80 年代末期，班加罗尔开始吸引国际软件和高科技公司的注意。1987 年，德州仪器开始在班市开展外包业务。1991 年，国际商用机器 IBM 进驻班加罗尔。随后，通用电器也在此设立研发中心。1999 年，印度成立信息科技部，成为当时世界上少有的专门设立 IT 管理部门的国家之一。2000 年 10 月 17 日，印度 IT 法案生效，为该国电子商务的稳步发展提供法律保障。此外，该国政府确定了优先发展软件的战略，为班加罗尔明确了"软件立市"的发展目标，并制定了一系列的优惠政策与措施。

在 IT 产业的发展中，印度政府极其重视对本国政府采购市场的保护。据印度有关媒体报道，印度联邦的一份内阁文件明确提出，印度政府采购项目的大部分均应是"印度制造"，其适用范围将被扩展至更多的招标项目，包括政府各部、国有部门、政府研究机构、印度"公私合作关系"项目资助的所有工程以及世界银行和亚洲开发银行提供资金的项目。在"印度制造"中，当然也包括班加罗尔的软件产业。

据媒体披露，印度联邦内阁正在筹划 4 项政策方案，包括激励企业在城镇建立电子集群；强制所有政府部门采购国内企业生产的电信、IT 硬件及电子产品；建立一项电子研发基金并设立国家电子蓝图；到 2020 年，印度移动公司采购的电信网络设备及其他基础设施中，至少有80%都应是来自国内制造商。在政府采购本国产品保护政策之外，该国还制订了关税、所得税、货物税和劳务税优惠政策以及进出口政策、投资政策、产业扶持政策等。

日本筑波科学城——现代科技乌托邦

日本筑波科学城是日本政府在20世纪60年代为实现"技术立国"目标而建立的科学工业园区，曾在20世纪80年代名噪全球。虽然近年有些江河日下，被世人称为"现代科技乌托邦"，但日本筑波科学城模式依然不乏参考价值。

筑波科学城始建于1963年。当时由于日本主要依赖引进吸收欧美各国先进技术发展经济的战略引发了一系列问题，日本开始从"贸易立国"转向"技术立国"，从强调应用研究，逐步转向注重基础研究，政府从政策、计划、财政、金融等方面，对发展应用技术、基础研究，尤其是对高技术大力引导和支持，开始兴建科学城。1974年，日本政府将所属9个部(厅)的43个研究机构，共计6万余人迁到筑波科学城，形成以国家实验研究机构和筑波大学为核心的综合性学术研究和高水平的教育中心。

1984年4月，日本政府通过"高技术工业及地域开发促进法"，以建设代表21世纪产、学、研相结合的中心城市为目标，形成推动远离太平洋沿岸地带的传统产业向高技术产业方向发展的基地。由此，筑波科学城依靠日本政府巨额投资和强力推动的行政力量起步，从筹建到完成整整耗时30年，直到1993年政府研究机构才完成搬迁，由此日本政府在筑波科学城的筹建上花了超过 2 万亿日元的巨额费用。

此外，由于筑波科学城内是以国有企业及所属研究机构为主的研究主体，科学园缺乏创新体制，研究成果产业化与商业化程度也相对较低，与市场机制存在严重的脱节现象。而作为主导力量的日本政府随后对园区做出了相应的调整规划，仍希望通过逐步将其引导，使其成为能够独立运作且具有自负盈亏能力的科技园区，但效果甚微，目前，筑波科学城的影响力日渐式微。

法国索菲亚科技园——"混合集团＋基金会"

1969 年，出于非盈利目的，一家全球整合企业创建了法国索菲亚科技园并开始商业化运作。索菲亚高科技园区坐落在法国南部阿尔卑斯滨海省风景如画的自然保护区内。与美国硅谷或其它国家的高科技园区不同，索菲亚园区没有高等院校和科研机构作为起步发展的依托，而是在一片绿地上从零开始。

把园址选在这里，一是因为地处"蓝色海岸"的阿尔卑斯—滨海省，该省多少年来一直靠旅游业为生，经济活动单一，建立科技园区可以优化经济结构；二是这里交通便利，距法国位居第二的尼斯国际机场仅 20 多公里，与著名的戛纳电影城和格拉斯香水之都也只是十多公里之遥，具备吸引外来企业和外来资金的条件；另外，这里气候条件虽好，但土地贫瘠，无农业发展前途，科技园区的开发可不占用耕地。

索菲亚科技园的创建，最重要的就是企业、研究机构、大学和培训机构这四个支柱交叉培养，让人们相互合作，特别是在创新和协调政策方面。从政策支持到索菲亚基金的支持，能够使来自不同背景文化和思维方式的人汇聚在一起。这种交叉培养和交叉研究的方式，致使很多创新型活动和项目得以开展。

索菲亚科技园基金会是由拉菲特参议员创建的，1984年他建立了索菲亚工业园基金会，为了促进创新活力，索菲亚基金创建了一个孵化器和一个俱乐部。俱乐部致力于推动新的产业和新的思维方式的产生。

1984年是索菲亚科技园的25周年，当时对科技园区进行了扩展，强化了产业集群的作用。当时法国政府推出了一些创新的计划，促进国内外企业，包括索菲亚工业园的企业、媒体、学术机构，还有其他的新兴公司进行合作。其目标是在他们之间进行更多项目，法国政府提供融资支持。随后索菲亚科技园与中国、韩国、印度、突尼斯、摩洛哥、以色列、埃及等许多国家及企业展开了多方面的产业合作。

经过40多年的持续发展，索菲亚科技园已成为法国高新产业研发高地，25平方公里范围内聚集着来自全球60多个国家的1300多家高科技机构和研发型企业，拥有来自60多个国家的科技人员3万多名，每年营业额44亿欧元。这里还有一些学术机构、大学、工程学院和管理学院以及其他一些先进制造企业，如德州机械、西门子等等。

爱尔兰国家科技园——产学研紧密结合

爱尔兰国家科技园始建于1984年，它使企业与教育和科研机构、企业与企业之间建立起密切联系的纽带，为高新技术企业的建立和发展提供必要的中介、孵化服务。爱尔兰科技园拥有1600多家高新技术企业。

爱尔兰法律规定，以国家科研投入形成的软件知识产权，在技术转移时国家持有的产权不得超过15%，即大学与科研单位的科研人员持有85%以上的知识产权。在2000～2006七年国家发展计划中，研究、技术与创新投资是爱尔兰国家发展计划中的优先项目，旨在加强研发与创新，计划总额高达19.5亿爱尔兰英镑(24.77亿欧元)。2000年3月，政府建立了5.6亿爱尔兰英镑(7.1亿欧元)的"技术前瞻基金"，旨在加强信息通讯技术与生化领域的高水准的研发工作，促进大学、研究开发机构与企业紧密结合。为了鼓励科研创新，爱尔兰专门设立了科学基金会。这些政策措施曾经在爱尔兰科技园的成长、发展过程中发挥过极为重要的作用。

今天的爱尔兰国家科技园一直把软件产业作为重要的经济支柱看待，爱尔兰政府依然通过对专业应用人才的培训、为欲设立企业的软件创业者提供支持、协助软件公司进行技术研发工作、爱尔兰驻海外机构积极为软件公司开拓国外市场等政策措施，对高科技产业特别是软件业仍实施政策倾斜。

爱尔兰国家科技园的特色是促使企业与教育和科研机构、企业与企业之间建立起密切联系的纽带，为高新技术企业的建立和发展提供必要的中介、孵化服务。经过多年努力，爱尔兰逐步在工业嵌入、移动通信、企业管理、中间件、加密技术和安全软件等软件领域占据国际领先地位；另外，在信息服务业同样取得了长足的进步，如客户服务、远程学习、呼叫中心等。

目前，Facebook、Google、Ebay、Microsoft 等都在爱尔兰国家科技园设立了总部，IBM、Accenture 在爱尔兰也有规模比较大的研究室。

德国慕尼黑科技园区——现代科技 + 传统产业

慕尼黑是德国第三大城市，是德国巴伐利亚州的首府，位于该城市的慕尼黑高科技园区是德国电子、微电子和机电方面的研究与开发中心，被称为"巴伐利亚硅谷"。慕尼黑高科技工业园区始创于1984年，是德国最为突出的鼓励高科技创业发展的科技园区。由慕尼黑市政府和慕尼黑商会共投资成立。

到 1990 年，园区面积由起步时的 2000 平米扩展数倍。1992 年投资高新技术企业孵化大楼建设。科技人员在这里完全可以了解整个慕尼黑市的产业领域和科技研究动态。园区技术与产业主要集中于工业产业、激光技术、纳米技术、生物技术等。作为全国高科技产业的孵化中心，一般情况下，德国一个新的企业、新的产业领域创始时，首先是在这里进行试验孵化，然后再移植到其他地区。如慕尼黑生态科技园（1.4 平方公里）、绿色食品科技园（1.4 平方公里）、信息产业科技园以及宝马汽车公司、西门子电器产业等，很多创新技术，都与慕尼黑高科技工业园区有密切关系。

慕尼黑市高科技工业园区的特色，除了重视现代科技开发之外，十分重视提升传统产业和扶持传统产业的发展。通过创新科技，帮助传统产业转型升级，深入研究传统产业企业的转型风险，为他们提供咨询服务和解决方案，是慕尼黑高科技工业园区的强劲优势。

慕尼黑高科技园区目前正在规划建设第二个小企业工业园，届时，整个地区将有1.5万平米的标准厂房可提供小企业使用。慕尼黑市为促进高新技术工业园区发展，专门成立了慕尼黑高科技工业园区管理招商中心，隶属慕尼黑市政府和慕尼黑商会，代表政府对进区企业提供全程服务。管理中心按现代企业制度实行企业化管理，每年保证有十个新的公司进区，并保证科技孵化楼的入住率在80%以上。该中心每两年向监管会作一次汇报，所有重大战略、支出、发展等都由监管会决定。

在高新技术开发方面，园区采取降低房屋租金和科技孵化中心门槛的方式，鼓励高科技企业进区开发，凡交得起半年租金者即可进区注册成立公司，凡进入孵化大楼的企业，在科技成果得到有效转化之后，必须搬出孵化大楼，创办新的科技工业园。

概括而言，慕尼黑政府在高科技园区发展中的作用主要体现在以下两个方面：

一是提供培训经费。为保证高科技产业与传统产业平衡发展，慕尼黑政府每年拨出25万欧元交给园区管理招商中心，主要用于帮助企业支付培训员工的费用。

二是提供投资优惠。由于德国法律规定政府在税收政策方面不能为任何一个企业制订特殊政策，因此慕尼黑政府通常在房租、地价、基础设施等方面为企业提供优惠。

中国台湾新竹科技园——政府管理、政府运营

新竹科学工业园成立于1980年。新竹科学工业园总占地面积达13.42平方公里，2011年，新竹科学工业园入园企业477家，在园人数近14.5万，园区总产值10346亿元新台币。

新竹科学工业园的诞生，曾有效带动了台湾地区经济的蓬勃发展，还使台湾许多科技产业进入世界前列。其中，电脑主板和图形芯片占据全球市场的80%左右、笔记本电脑占75%左右、微芯片占65%左右、扫描仪占95%左右，成为世界高新技术产业的重要基地之一。

目前新竹科技园的发展目标由最初的"突破台湾劳动密集产业发展瓶颈，促进本地区科技生根、产业升级"逐渐演变为"把地区的科技产业推向世界舞台，创造出独步全球的产业竞争力，在全球半导体和信息产业占有举足轻重的地位"。近年，新竹科技工业园的产业有些衰落，目前支撑园区的主要产业依然是包括电路设计、集成电路等，台湾地区已经成为全世界第四大半导体工业制造者，仅次于美国、日本和韩国。

新竹科学工业园采用的是政府管理、政府运营的模式。即新竹

科学工业园的管理主体是台湾新竹科学工业园管理局，其行政级别与新竹地区行政级别相同。这是台湾一个地方的政府主管部门，拥有一个运行地方政府所需要的各种资源、职能及权利，自己能独立自主地决策园区内事务。园区能够统一规划、整体布局、强力推进、统筹管理，不仅建设速度快，管理效率也高。例如，新竹科学工业园可以签发外籍人员工作签证，征收准税制的客户管理服务费1.5%，年收费100亿新台币（约合人民币20亿）。这些管理机构的运作主要靠政府拨款，园区建设资金有保障，产业服务投入有来源。园区所建设的产业载体及各类物业均为管理局持有，不对企业进行销售，只提供租赁服务，管理局保持对园区内产业聚集调控的强大影响力。

新竹科学工业园的定位是集产业和生活于一体的综合园区，新竹工业园的配套设施与服务非常完善。这其中做得最好的便是中小学教育，以及医疗卫生服务这两方面。新竹科学工业园具有自己配套的教育体系。为让园区各事业单位、投资厂商、政府机关、邻近学术机构及归国学人子女有一个良好的就学环境，1983年8月园区成立国立科技工业园区实验高级中学同时开始招收高中部、国中部、国小部、幼稚园及双语部学生。新竹科学工业园还拥有自己的医院，为园区员工和家属提供了良好的就医环境。

新竹科学工业园的特色：一是拥有丰富的智力资源。新竹不仅有众多知名高校，还有工业技术研究院、精密仪器发展中心等著名学术研究机构，为园区企业发展提供了丰富的智力资源。二是形成六大优势产业。新竹园区形成了集成电路、计算机及外围、通信、光电、精密仪器、生物技术等六大支柱产业。三是聚集了大量海外人才。海外人才归台创业是新竹人才的重要来源。新竹园区很多成功的企业是由留学美国的年轻人学成回归而创办。

以色列科技园——科技强国战略下的孵化器

以色列的企业创新孵化器起步比中国还要晚，开始于20世纪90年代，但其投入了大笔启动资金，并建立了完备的国家科技创新体系，制定实施了详尽的政府支持计划，短短十几年中成长迅速，成绩骄人。以色列科技园被誉为"中东硅谷"。

利用科技先进来弥补资源的不足，从而使得国家经济极为发达，是以色列的突围之路。以色列高科技产业发展轨迹为"高科技企业孵化器"孕育了众多的高科技企业和创新的高科技产品，大量涌现的高科技企业和创新的产品进一步吸引风险投资和国际大公司的介入，从而构成良性循环，使得以色列的高科技产业迅速发展壮大。成功兴办科技园，培育"高科技企业孵化器"是以色列高科技产业得以迅速发展的关键因素之一。技术孵化器计划是一个由以色列政府主导和全面参与，推动技术创新和培育新兴企业的机制。

技术孵化器计划具有明确的功能定位，从一开始就把自己的孵化器定位为"技术孵化器"，明确提出"仅孵化新的技术创意"。宗旨是支持具有"创新思想"的创业者实现其创业梦想，即通过设立孵化器，在技术开发的最早且风险最大的第一阶段给予创业者全力支持，吸引其他私人资本和风险资本陆续介入，从而使缺少资金和管理经验，但具有"创新思想"的创业者能够开发出全新的高科技产品，并且通过孵化形成具有市场开拓能力的高科技企业。这一功能定位不仅激发了创业者的创新欲望，为具有"创新思想"的人提供了创业乐园，而且实现了政府资金与商业资金、风险资金在不同开发阶段的互为补充，有利于推动高科技创新产品的开发以及新兴企业的诞生。

技术孵化器与风险投资同步，互相促进，共同支撑高科技产业发展。以色列科技园在实施技术孵化器计划的同时，大力扶持和发展风险投资事业。在1992年与政府合作，启动一项名为YOZMA的计划，投资1亿美元，与国内外投资者合作建立了10家风险投资公司，极大地推动了以色列风险投资的发展，为国家高技术的早期融资和资本市场的形成奠定了基础。

以色列科技园还设立"产业研究开发计划"，该计划每年预算约2亿美元，对新兴公司的研发项目可资助66%的研发经费。科技园还推动政府制订政策，鼓励从孵化器毕业的企业到边远地区的工业园落户，它们可享受税收减免和购买固定资产优惠等多方面的特殊政策。

由此，大力扶持创新，帮助孵化产业，扶上马，送一程是以色列科技园赢得盛誉的关键。

后 记

科技园区和产业园区的发展已近百年,在当前经济全球化、信息网络化的时代背景下,新建园区如何创新突破,是世界各国都在普遍关注的话题。中关村软件园15年的探索,在兼收并蓄的基础上独辟蹊径,在不断化解挑战的进程中大胆创新,形成特色。一个又一个成功的标志,奠定了中关村软件园的创新力场。梳理描述这些成功的标志不是难事,但一开始,课题组的定位就不是指向这里,而是希望通过研究,深入分析园区发展的规律、研究清楚影响园区发展的关键因素,并期望从理论的高度,总结中关村软件园的创新模式和成功经验,描述其未来发展路径。

由此,研究的过程充满了发现的乐趣,但绝非全无困惑。我们观察的对象既不是单一的,也不是封闭的。在视野的中心区域,两条"时间线"交织在一起——中关村软件园的15年和它的运营发展主体中关村软件园公司的15年。这两条明显的"时间线"又至少有四条暗线交织——全球信息科技产业的演化,中国科技兴国战略在产业政策的制订和落实中的体现,北京市的发展和与此相应的"首都定位"变化,中关村在全国科技和产业版图中重要性的不断提升。这些明线和暗线的彼此交织，形成了一个复杂的结构。以恰当的篇幅要言不烦地描述这个结构，是一项艰巨的任务。以工信部华信研究院院长刘九如牵头组建的课题组，3个多月的调查研究，从数百万字中提炼出本书的近20万字，希望基本达成了上述任务。

期间，我们确实遇到了所有希望从历史采出金矿的人都会遇到的问题——同一个事件在各个时刻、以不同的角度来考察，会呈现出不同的意义。一系列决策串连起园区的运营，有些决策在当时甚至是不得已的，事后观察却发现有意想不到的效果，可能是一项最恰当的决策；而令当时的决策者感到种种束缚的限制条件，事后回想起来，也可能是有利因素。然而一切历史都是当代史，我们和接受我们采访的人，都只能用此时此地的眼光来看待过去（同样地，也只能以现在的眼光来看待未来），把过去的事件作为总结方法和规律的基本材料。

经验与模式的操作性，或者说方法的可借鉴性，是本书研究的一个侧重点。我们的研究纵深，侧重于那些时代属性和地域属性较弱的发展模式和管理方法，这样对于全国各地、不同时间起步的科技园区和产业园区，或许有更多参考价值。但本书也没有省略那些涂上了时间印记、带有地域色彩的模式和方法，因为时代和地域不能复制，把握时代条件和地域条件的思路却是可以参考的。

本书由刘九如亲自撰稿和组织审定大纲，具体组织各章节的撰写讨论，并与熊伟一同统筹执笔，修改和最终审定全书。石菲、孙杰贤、姜红德、邢帆、张越参与编写前三章，陈耕艺、曹开彬、李军伟参与编写

第四和第五章，宗淙、王钧参与编写第六和第七章，孙定参与了统稿和审校；中关村软件园公司众多主管大力支持了本书的研究和撰写工作，包括接受采访和提供资料；众多亲历中关村软件园15年发展历程的政府部门、相关机构和入园企业主管接受了我们的采访，提供了宝贵的信息；董云庭、刘汝林、陈伟、韦俊、姜广智等众多领导和专家为本书的出版提出了宝贵建议，贡献了思想智慧。对于本书研究和撰写过程中给予过帮助的上述提到名字和还有众多没有提到名字的各界朋友，在此，一并致以深深谢意。

编著者

2015年9月